신

우주와 인류의 궁극적 의미

키스 워드 지음 · 한문덕 옮김 · 해설

이 도서의 국립중앙도서관 출판시도서목록(CIP)은
서지정보유통지원시스템 홈페이지(http://seoji.nl.go.kr)와
국가자료공동목록시스템(http://www.nl.go.kr/kolisnet)에서
이용하실 수 있습니다. (CIP제어번호 : CIP2018016305)

신

우주와 인류의 궁극적 의미

키스 워드 지음 · 한문덕 옮김 · 해설

비아
VIA

| 차례 |

1. 신은 누구인가? 혹은 무엇인가?   / 7

2. 우주는 어떻게 신을 가리키는가?   / 29

3. 신은 목적을 가지고 있는가?   / 51

해설   / 73

함께 읽어볼 만한 책   / 89

일러두기

· 성서 표기와 인용은 『공동번역 개정판』(대한성서공회, 1999)을 따르되
  맥락에 따라 『새번역』(대한성서공회, 2004), 『개역개정판』(대한성서공
  회, 1998)을 병행사용하였습니다.

· 역자 주석의 경우 *표시를 해 두었습니다.

· 단행본 서적의 경우 『 』표기를, 논문이나 글의 경우 「 」,
  음악 작품이나 미술 작품의 경우 《 》표기를 사용했습니다.

사람들을 사랑하시며,
사려 깊게 저울질하시는 하느님,
능하신 주시며, 자애로운 아버지시니
오, 당신의 귀한 피조물을 부족한 곳에서 채우소서.

제라드 맨리 홉킨스, 「엘루이 계곡에서」 中

01

—

신은 누구인가? 혹은 무엇인가?

오늘날 신을 믿기란 쉽지 않습니다. 사람들이 이해하기 어렵거나 못마땅하게 여길만한 신 개념 또한 많지요. 서구세계에 잘 알려진 그림 두 점은 신이 누구인지, 무엇인지에 대해 잘못된 생각을 하게 만드는 대표적인 예입니다. 첫 번째는 미켈란젤로Michelangelo가 로마 시스티나 성당 천장에 그린 《아담의 창조》The Creation of Adam입니다. 이 그림에서 신은 백발에 흰 수염을 지닌 근육질 남성으로 묘사됩니다. 반대편에 자리한 인간 아담과 견주었을 때 조금 더 늙었을 뿐 그 외에는 모든 점이 비슷합니다. 고대 유대교 전통에서 이처럼 신을 그림으로 표현하는 일은 매우 낯선 것이었습니다. 신을 어떤 형상으로 만들거나 그림으로 묘사하는 일을 금지했기 때문입니다.* 이슬람 전통 역시 신을 그림으로 표현하는 것을 허용하지 않았습니다. 그 덕분에 아랍어 문자 예술이 발전했지요. 미켈란젤로는 자신의 천재성을 발휘하여 신을 그려서는 안 된다는 고대의 금기를 깼고 이후 서구 사고방식은 이에 대한 대가를 치러야 했습니다.

신에 대한 그릇된 생각을 하게 만드는 또 하나의 그림은 윌리엄 블레이크William Blake가 그린 《옛적부터 항상 계신 이》 The Ancient of Days입니다. 블레이크는 우주를 창조하는 신을 흰머리와 수염을 늘어뜨린 건장한 남성으로 그렸습니다. 그러한 남성이 손에 컴퍼스를 들고 세상을 측량하고 있지요. 본래 그는 이 그림을 통해 인간의 상상력을 짓누르고 억압하는 신, 인간 세계에 간섭하는 나쁜 신을 묘사하려 했습니다. 통속적인 신 관념에 대한 저항을 담아낸 그림이었던 것이지요. 그러나 불행히도 사람들은 이 그림이 '있는 그대로의 신'을 묘사했다고 생각했습니다.

이 작품들은 신에 관한 생각에 나쁜 영향을 미쳤습니다.

---

* "너희는 위로 하늘에 있는 것이나 아래로 땅 위에 있는 것이나, 땅 아래 물속에 있는 어떤 것이든지 그 모양을 본떠 새긴 우상을 섬기지 못한다."(출애 20:4)

탁월한 만큼 강렬한 심상을 자아냈기 때문에 많은 사람은 신이 하늘에 살거나 구름 위에 앉아 있는 나이든 남성이라고 생각하게 되었습니다. 물론 현대인들은 이를 좀 더 정교하게 말하기도 합니다.

> 저 하늘에 몸을 가진 어떤 존재란 없습니다. 우주선이나 인공위성을 통해 저 우주에는 아무것도 존재하지 않는다는 사실도 알게 됐습니다. 센타우루스자리의 알파성 Alpha Centauri 너머로 나아간다 해도 마찬가지입니다.* 그렇습니다. 신은 몸을 지니지 않은, 전적으로 영적인 존재입니다.

이 표현은 좀 더 정교하긴 하나 여전히 신을 특정 존재라고 생각한다는 점에서 앞의 생각과 크게 다르지 않습니다. 신을 순수한 영적 존재로 생각하더라도 꼬리에 꼬리를 물고 생각이 이어지면 신도 우리와 같은 방식으로 생각하고, 우리가 어떤 일을 할까 마음을 먹었다가도 나중에 그 결정을 바꾸듯이 신도 그렇게 행동하리라고 짐작합니다. 우리가 일이 꼬이면 슬픔을 느끼고 일이 잘 풀리면 행복해하듯이 신도 우리와

---

* 태양에서 가장 가까운 항성이다.

같은 방식으로 감정을 표현하리라 추측합니다. 인간과 꼭 닮은 신을 상상하는 것입니다.

이러한 신의 특징은 눈으로 볼 수 없는 인간이면서도 불멸한다는 것입니다. 고대 그리스인들이 그린 신들처럼 인간의 특징을 공유하지만 영원히 사는 존재이지요. 신은 영적 존재로서 우리보다 나은 존재이고 아마도 우리에게서 멀리 떨어진 어딘가, 우주 끝 저 너머에 있습니다. 신은 이 정도로 우리와 다르기에 우리는 신이 초월해 있다고, 물질로 이루어진 우주를 넘어서 있다고 말합니다. 그러나 그가 영적 존재라는 사실에는 변함이 없습니다.

이러한 생각 역시 미켈란젤로나 블레이크의 그림을 보고 떠올리기 쉬운 신에 관한 생각과 마찬가지로 적절하다고 볼 수 없습니다. 신에 관해 생각하려 할 때 이와 같은 잘못된 그림들을 먼저 지우는 일은 매우 중요합니다. 그리스도교 전통 교리는 신이 지혜롭고 힘이 세며 우주 저 너머 혹은 우주 안 어딘가에 존재한다 하더라도 유한한 정신은 아니라고 주장했습니다. 초기 그리스도교인들은 신이 '무한'infinite하다고 말했습니다.

왜 신은 무한해야만 하는가?

신이 무한하다고 말하는 것은 신이 어떤 것에 의해서도 제한될 수 없음을 뜻합니다. 신에게는 어떠한 한계도 없고 따라서 신을 유한하게 만들 수는 없습니다. 신은 여러 사물 중 하나가 아닙니다. 이는 신이 여러 존재 중 하나가 아님을 뜻합니다. 심지어 우리가 신을 우주보다 더 큰 존재로 여긴다 할지라도 마찬가지입니다. 신을 우주 바깥에 있는 존재라고 생각한다면 그 신은 우주에 의해 제한되고 우주에서 배제됩니다. 많은 신학자는 이를 고려해 신을 다른 방식으로 표현하려 노력했습니다. 어떤 이는 신을 "존재자가 아닌, 존재 그 자체"not a being, but Being-it self라고 말했고, 어떤 이는 신을 "존재의 끝없는 바다"the unlimitied ocean of being라고, "자존하는 존재"self-subsistent Being라고 말했습니다. 이들은 모두 신을 우주에 있는 어떤 사물로, (모든 사물보다 더 크고 더 낫다 하더라도) 사물의 한 종류로 여겨서는 안 된다고 생각했습니다.

물론 신이 무한하다는 생각은 이해하기 어렵습니다. 우리가 할 수 있는 최선의 방법은 신을 생각하는 데 도움을 줄 어떤 그림을 그려보는 일일 것입니다. 그러나 앞서 살펴본 미켈란젤로의 작품처럼 신을 하늘에 사는 노인의 모습으로 그린 그림과는 다른 그림을 그려야 합니다. 대신 저는 신에 관해 다음과 같이 생각해 보기를 조심스럽게 제안합니다.

신을 보이지 않는 정신이나 인격체로 보는 대신 우리와 우주 전체를 포함하며 한계가 없는 하나의 실재라고 생각해 봅시다. 우리는 '유한'finite하고 '한계'limited를 지닌 존재입니다. 이러한 우리는 모두 '제한이 없고'unlimited '무한'infinite한 실재의 일부입니다. 이 실재가 바로 신입니다. 신을 여러분, 나, 나무, 별, 은하와 같이 유한한 부분을 포함하는 제한 없는 실재로 그려보십시오.

이는 우주가 곧 신이라고, 신이 우주 전체를 뜻한다고 말하는 것이 아닙니다. 이는 잘못된 생각입니다. 신을 무한한 실재로 보는 것을 이러한 뜻으로 말했다면 이 말은 그저 '신'이라는 단어를 사용해 모든 사람이 '우주'라고 부르는 대상을 가리키는 것이 됩니다. 우주는 신의 일부로 볼 수 있습니다. 신약성서는 말합니다.

우리는 하느님 안에서 살고, 움직이고, 존재하고 있습니다.

(사도 17:28)

여기에는 우리가 무한한 신에게 포함된다는 생각이 담겨 있습니다.

신 안에서 살고 움직이며 존재한다고 말한다면, 즉 우리가 신의 '일부'라고 말한다면 우리는 자유롭게 행동할 수 없다든지 우리 행동에 책임을 질 필요가 없다고 생각할 위험이 있습니다. 심지어는 악행조차 신을 드러낸다고 오해할 수도 있습니다. 이러한 위험을 피하기 위해서 우리는 또 다른 그림을 그려보아야 합니다. 우주는 특유의 본성을 지닌 유한한 요소들의 집합체이며 이 중 많은 요소는 부분적이지만, 자유를 가지고 있습니다. 신은 이런 요소들과는 완전히 다릅니다. 앞서 언급했듯 신은 한계가 없고 어떠한 것에도 의지하지 않은 채 스스로 결정할 수 있기 때문입니다. 우주의 모든 요소는 신과 분리될 수 없기에 모든 것은 '그 안에' 있습니다. 동시에 유한한 모든 것은 신과 완전히 구별되는 자신들만의 고유한 존재를 지니고 있습니다. 신은 우주와도 다르고, 우주에 있는 모든 유한한 것들과도 다르므로 유한한 우리는 신을 적절하게 상상할 수 없습니다. 이 때문에 구약 성서에서는 어떠한 신의 형상도 만들어서는 안 된다고 했습니다. 모든 형상은 신을 왜곡할 수밖에 없습니다. 모든 형상이 유한하기 때문입니다.

우리가 쓰는 말은 모두 유한한 대상들과 관련이 있습니다. 책상이나 의자 같은 대상을 가리키기 위해 단어를 사용할 때 우리는 다른 사물과는 구별되는 대상의 특징을 집어 냅니다. 이를테면 책상은 의자가 '아니고', 의자는 앉는 데 쓰이는 도구인 반면, 책상은 책을 올릴 때 쓰는 도구입니다. 언어를 통해 유한한 실재를 가리키는 사물의 한계를 드러내는 셈입니다. 다시, 책상이라고 말할 때 책상은 의자가 아니기에 의자와 구별되는 특징이 드러납니다. 그러므로 책상이라는 말은 책상이라는 유한한 실재가 가리키고 있는 한계를 저절로 드러냅니다. 모든 말은 이렇게 사용되고 있으며, 이렇게 사용되어야 합니다. 우리의 언어는 특정 대상이 지닌 한계를 표현함으로써 유한한 실재의 한 측면을 집어냅니다. 그렇기 때문에 우리의 말은 신을 표현하는 데 올바르게 적용될 수 없습니다. 신이 무한하다면, 그리고 우리가 쓰는 말이 유한한 대상에만 적용될 수 있다면 우리의 말은 신을 정확하게 묘사하지 못합니다. 우리는 신에 대해 정확하게 묘사할 수 있는 언어를 갖고 있지 않습니다. 신을 바르게 드러낼 수 있는 그림 또한 그리지 못합니다.

지금까지 두 가지 중요한 사항을 언급했습니다. 우선 신학자들은 신이 무한infinite하고 한계를 지니지 않는다unlimited고 생각했습니다. '무한'이라는 관념은 신이 지닌 두 가지 특징을 드러냅니다. 하나는 신이 우주 바깥에 존재하지 않는다는 것입니다. 만약에 우주 너머 어딘가에 무언가가 있다면 그것은 또 다른 유한한 존재일 뿐입니다. 신은 우주 바깥에 머물며 우주라는 시계가 잘 작동하도록 손가락으로 찌르거나 이따금 모든 사물이 제자리에 올바르게 자리 잡도록 간섭하는 폭군이 아닙니다. 신은 우주 밖에 있는 유한한 존재가 아닙니다. 이것이 우리가 기억해야 할 첫 번째 사항입니다. 수염을 늘어뜨린 노인으로 신을 그린 모든 그림은 잊어버리십시오.

두 번째, 무한한 신은 인간의 어떤 언어나 이미지로도 정확하게 묘사할 수 없다는 것입니다. 그리고 신은 우주 바깥이나 우주 안에 있는 모든 존재의 총합도 아닙니다. 신을 완벽하게 설명하기란 불가능합니다. 오해의 여지가 있지만, 신은 우주의 무한한 원천infinite source 혹은 우주의 기원origin of the universe이라 말할 수 있습니다. 신은 우주의 유한한 존재들을 통해 표현되는 무한한 존재입니다. 이러한 맥락에서 플라톤Plato은 말했습니다.

시간이란 '영원'이 움직이는 형상이다.*

---

* 플라톤, 『티마이오스』, 38b

매우 아름다운 구절입니다. 시간과 공간 전체는 무한한 신의 유한한 형상이라고 할 수 있습니다. 우주 전체는 유한한 방식으로, 묘사할 수 없는 존재를 표현합니다. 다시 한번 말하지만 신은 우리 주변에 존재하는 유한한 사물이나 우주 그 자체와 동일하지 않습니다. 신은 우주 밖에 있는 또 다른 유한한 존재도 아닙니다. 신이 무한하다면, 신을 우주 '안으로' 밀어 넣거나 우주 '바깥에' 놓을 수 없습니다. 유한한 존재로는 신을 묘사할 수 없습니다. 그러나 우주는 특정한 방식으로 신을 드러내고 있음을 기억해야 합니다.

우리는 어떻게 신에 관해 말할 수 있을까?

신이 무한하다는 말이 참이라면 이제 신에 관해 말할 수 있는 건 아무것도 없다고 생각할지도 모릅니다. 신이 어떤 존재인지 어떻게 알 수 있을까요? 앞서 말했듯 우리의 말로 신에 대해 정확하고 올바른 설명을 할 수 없다면, 우리는 우리가 생각하고 느끼고 의도하듯 신이 생각하고 느끼고 의도한다고도 말할 수 없습니다. 이 모든 이야기가 신에 대한 부적절한 그림이라면 우리는 신에 관해 어떠한 말도 할 수 없는 것일까요? 어떤 면에서는 그렇습니다. 그리고 이는 매우 중요한 사실입니다. 우리가 신에 관해 말할 때는 무슨 말이든 부분에 불과하며 심지어는 부적절한 경우가 많습니다. 우리가 쓰는 모든 말이 신이라는 실재를 표현하기에는 적합하지 않기 때문입니다.

그러나 때로 우리는 중요한 진리를 정확하게 묘사하지 못하더라도 누군가에게 전달할 수는 있습니다. 시詩는 묘사가 불가능한 무언가를 독자에게 전달할 수 있음을 보여주는 명백한 증거입니다. 회화와 음악도 마찬가지입니다. 여기서는 말을 재료로 삼는 시에 대해서만 살펴봅시다. 읽는 이가 충분한 준비만 되어 있다면, 시는 읽는 이의 삶에 대한 관점, 주변에서 일어나는 일과 사물을 느끼고 알아차리는 방식, 세계에 대한 이해를 바꿉니다. 시는 직접 내용을 전하는 산문散文이 담을 수 없는 이야기를 우리에게 전합니다.

신에 관한 언어는 시의 언어와 비슷합니다. 시를 쓸 때 시인은 자신이 바라본 세상, 세상에 대한 자신의 느낌을 표현하려 애씁니다. 그는 산문을 통해 이를 구구절절하게 묘사하려 하지 않습니다. 산문이라는 방식으로는 불가능함을 알기 때문입니다. 그렇기에 시인은 시적 언어라는 특별한 방식으로 자신이 느낀 바와 세상에 대한 고유한 관점을 불러내고 전달하며 표현합니다. 시의 언어는 세계에 관한 정보를 제공하지 않습니다. 우리는 시가 없어도 세상에 관한 여러 사실을 알 수 있습니다. 시의 언어는 사물을 보고 느끼는 특정한 태도와 방식을 우리에게 제공합니다.

물론 시인들은 각기 다른 방식으로 사물과 사건을 바라봅니다. 어떤 시는 우울하며 비관적이지만 어떤 시는 낙관적입니다. 술술 읽히는 시도 있고 그렇지 않은 시도 있으며 깊이가 느껴지는 시가 있는가 하면 피상적인 시도 있습니다. 몇몇 탁월한 시인들이 있지만 유감스럽게도 대다수 사람은 그렇지 못합니다. 모든 시가 종교적이지는 않으며 모든 시가 좋은 시도 아니지만 기본적으로 시는 단순히 사실만을 진술해서는 전달할 수 없는 무언가를 전하기 위해 노력합니다. 시는 시인들의 독특한 관점을 전합니다. 그리고 이는 시인의 눈을 닮으려 노력하거나 그들이 쓴 시에 적절하게 응답하는 법을 익힐 때 비로소 헤아리고 이해할 수 있습니다.

신에 관한 언어도 마찬가지입니다. 신에 관한 언어는 어떤 관점, 세상을 대하는 특정한 태도, 세상을 향한 헌신과 반응을 담고 있습니다. 그렇기에 우리 스스로 이 언어를 이루고 있는 말들, 이 언어를 나오게 한 체험들, 이 언어가 전달하고자 하는 비전을 배우고자 할 때, 적어도 이해하려 노력할 때 우리는 이 언어를 이해할 수 있습니다. 신에 관한 언어(여기서 말하는 언어는 메마른 학문 언어가 아니라 예배와 기도에서 사용되는 살아있는 언어를 가리킵니다)를 읽는 일은 세계에 다가가는 특별한 방식입니다. 섬세하게 이 언어에 다가서고 이 언어를 읽어내기 위해 꾸준히 수행할 때 우리는 신에 관한 언어가 전하는 세계를 이해할 수 있습니다. 우리가 시를 이해하기 어려워하듯 신에 관한 언어 역시 난해할지 모릅니다. 그러나 꾸준히 도전하고 노력하면 시를 이해할 수 있듯 신에 관한 언어 역시 꾸준히 다가가고 노력하면 이해할 수 있습니다.

　종교 언어의 목적이 바로 신에 관해 말하는 데 있다면, 종교 언어는 세상에 대한 어떤 관점을 전달하고 있는 것일까요? 종교 언어는 이 세계가 단순히 세계 그 자체로 머무르지 않으며 이를 넘어서는 어떤 실재를 표현하고 있음을 전달합니다. '하늘과 땅과 유형무형한 만물의 창조주'라는 종교 언어는 그 대표적인 예입니다. '하늘과 땅과 유형무형한 만물의 창조주'라는 말을 들으면 많은 사람은 흔히 (미켈란젤로나 블레이크의 작품처럼) 곧잘 태초의 에너지나 진흙으로 하늘과 땅을 만드는 수염 기른 근육질 남성을 떠올렸습니다. 그러나 지금까지 이야기한 바를 잘 숙지한다면 '하늘과 땅과 유형무형한 만물의 창조주'라는 말을 그러한 방식으로 떠올리는 것이 잘못되었음을 알 수 있을 것입니다. 저 말을 들었을 때 우리가 떠올려야 하는 것은 말 그대로 기술할 수 없는 무한한 실재가 있다는 것입니다. 이 무한한 실재는 참되고 모든 유한한 존재의 원천이자 기원이며 유한한 모든 것을 지탱하는 기초입니다. 이 무한한 실재는 유한한 존재 안에서 또는 그것을 통해 자신을 표현합니다. '하늘과 땅과 유형무형한 만물의 창조주'라는 말은 유한한 사물의 세계가 무한한 실재를 근원으로 하고 이에 기초해 있다고 생각할 때 세계를 가장 온전하게 이해할 수 있다는 생각을 담고 있습니다.

물론 이 세계에는 사물과 사건을 바라보는 다양한 방식이 있습니다. 과학은 그 대표적인 방식입니다. 우리는 무언가를 보았을 때 흔히 질문합니다.

그것은 어떻게 만들어졌는가?

그것은 왜 그러한가?

그것은 어떤 법칙을 따르는가?

이러한 질문은 과학이라는 방식으로 세상을 바라볼 때 나타납니다. 과학은 감정에 휘둘리지 않고 대상을 분석합니다. 이와는 달리 사물 자체의 아름다움을 바라보는 방식도 있습니다. 사물이 어떤 과정을 통해 이렇게 만들어졌는지 혹은 무엇으로 만들어졌는지를 묻기보다 사물 그 자체가 지닌 아름다움을 바라보고 감상하는 방식입니다.

무엇이 느껴지는가?

나는 어떻게 그 무엇에 빠져들었나?

사물을 관조하는 이러한 태도는 세계에 접근하는 또 하나의 고유한 방식입니다. 윤리나 도덕으로 세상을 바라보는 방식도 있습니다. 이 방식은 사물의 기원을 묻거나 관조하기보다 다음과 같은 질문을 던집니다.

그것, 혹은 그들은 무엇을 필요로 하는가?

무엇을 요청하는가?

우리는 어떻게 그것, 혹은 그들을 도울 수 있으며

응해야 하는가?

이 방식은 과학적인 방식이나 미학적 방식과 구별되는 또 다른 방식입니다.

과학, 예술, 도덕은 우리가 이 세계 있는 사물, 혹은 일어나는 사건을 받아들이는 세 가지 태도, 방식입니다. 종교적 태도는 이들과는 구별되는 독특한 태도입니다. 종교적 태도를 지닌 사람은 사물들이 사물 너머에 있는 무언가를 가리키며, 눈에 보이는 현실을 넘어서는 의미를 지니고 있다고 생각합니다. 그들은 '그것은 어떻게 만들어졌는가?'라는 과학적 질문이나, '어떻게 하면 사물의 아름다움을 온전히 감상할 수 있을까?'라는 미학적 질문을 던지지 않습니다. 또 '내가 이 존재를 어떻게 도울 수 있을까?'라는 도덕적 질문도 하지 않습니다. 종교적 태도를 지닌 이는 이렇게 묻습니다.

이 사물을 존재하게 하는 것은 무엇인가?
이 사물은 만물의 근원인 실재에 대해 무엇을 표현하는가?
세계의 근원적인 속성에 대해 이 사물은 무엇을 말하는가?

이렇게 묻는다면 종교적 태도를 택해 세계의 일부분을 넘어 전체를 바라본다고 말할 수 있습니다. 이러한 종교적 태도는 사물 뒤에 놓인, 사물 안에 표현된 그 무언가를 바라보려 합니다.

물론 종교적 태도는 이 세상 이면에 세상의 근원인 무언가가 있음을 전제합니다. 시공간에 자리한 유한한 실체들 뒤에는 무한한 실재가 있고, 무한한 실재는 유한한 사물들을 통해 자신을 '드러냅니다'reveal. 종교적 태도는 유한한 사물을 그 사물 뒤에 놓인, 또는 그 사물 안에 혹은 그 사물을 통해 드러나는 무한한 실재의 계시로 이해합니다. 여기서 '계시'Revelation는 매우 중요한 말입니다. '계시'는 문자 그대로 덮개를 벗기기, 즉 사물 뒤에 놓인 실재를 드러내기 위해 표면을 감싼 덮개를 벗기는 일을 뜻합니다. 계시가 일어날 때 우리는 신을 체험했다고 말합니다. 유한한 세계를 가리던 덮개가 치워질 때, 우리는 근원에 존재하던 무한한 실재를 알아차립니다.

그러나 산문의 언어로는 이 실재를 표현할 수 없습니다. 무한한 실재를 보기 위해서는 시의 언어로 접근해야 하고, 우리 한 사람 한 사람이 직접 인격적으로 체험하는 게 필요합니다. 무한한 실재를 만나는 일은 우리가 머리로 이해하기 전에 우리에게 실제로 일어나야 하는 사건입니다. 물론 위대한 종교 전통에서 길어 올린 저술들을 통해 우리는 이미 다른 누군가가 겪었던 체험들을 만날 수 있습니다. 누군가 '계시들'에 관해 이야기한다면 이는 세상의 유한한 사물에서 사람들이 무한한 실재를 발견했던 순간들에 대해 말하는 것이라 할 수 있습니다.

유한한 사물이 무한한 실재를 표현한다는 데 덧붙여 말할 것이 있습니다. 우선 세계를 이루는 다양한 부분들은 각기 다른 방식으로 무한을 표현합니다. 어떤 부분은 다른 부분보다 세계의 근본 성격을 더 잘 표현합니다. 그리고 어떤 사람은 다른 사람보다 계시에 더 잘 반응합니다. 다른 이들보다 계시에 민감하게 반응하던 누군가가 무한한 실재와 관련해 강렬하게 체험한 바를 다른 이들에게 전했을 때 종교의 거대한 변화가 일어났습니다. 이러한 면에서 종교란 영감을 받은 특정 개인이 지녔던 계시 체험에 기반을 둔 축적된 전통이라고 말할 수 있습니다. 신은 유한한 세계의 특수한 일부를 통해 자신을 드러냈습니다. 이를 체험한 사람들은 자신의 경험을 시나 상징으로 표현했고, 자신이 속한 문화와 사회에서 쓰는 개념을 사용해 자신이 이해한 바를 다른 사람들도 이해할 수 있게, 다른 사람들에게도 공명을 일으킬 수 있도록 애썼습니다. 우리가 아는 대부분의 위대한 종교들은 이러한 방식을 간직하고 있습니다.

우리가 생각하는 무한은 우리가 따르는 종교적 스승에게 상당 부분 의존하기 마련입니다. 그는 특수한 방식으로 계시 체험을 했고 이를 특수한 방식으로 우리에게 전달합니다. 이때 특수성은 그가 속한 상황, 맥락에 달려 있습니다. 신은 인간의 모든 개념을 넘어서기 때문에 신에 관한 정확하고 틀림없으며 최종적인 묘사는 어디에도 없습니다. 다만 인간은 부

정확하더라도 개념을 활용하여 신을 향해 초점을 맞춰갈 뿐입니다. 이를 마음에 되새긴다면 우리는 보다 성숙한 종교인이 될 수 있습니다. 종교 생활을 하는 이들 중 몇몇은 종종 매우 편협한 태도를 보입니다. 그들은 자신과 의견이 다른 사람은 진리를 왜곡하는 이, 부패한 이로 간주합니다. 반드시 그렇지는 않다는 것을 깨닫는 건 매우 중요한 일입니다. 어느 누구도 절대 진리를 소유하지 못합니다. 어떤 이들에게 무한한 실재의 비전을 불러일으켰던 사건이 다른 이들에게는 아무런 영향도 미치지 못할 수 있습니다. 우리는 모두 다 무한한 비전을 추구하는 사람들입니다. 누군가 여러 이유로 비전을 갖는 데 실패하더라도 그들을 비난하거나 우리 자신을 비난해서는 안 됩니다.

앞에서 신에 관해 생각할 때 먼저 하늘에 있는 노인이나 우주 밖 어딘가에 존재하지만 보이지 않는 사람이라는 생각을 완전히 내려놓아야 한다고 제안한 바 있습니다. 신은 무한한 실재입니다. 무한한 실재는 인간 언어로 정확하게 묘사할 수 없지만, 유한한 사물, 사건을 통해 표현되며 모든 유한한 사물 너머에, 그리고 그 안에 존재합니다. 이러한 생각은 초기 그리스도교 신학자들이 표현한, 전통적이면서도 정통적인traditional and orthodox 견해이며 위대한 학자이자 성인인 토

마스 아퀴나스Thomas Aquinas의 사상을 요약한 것이기도 합니다. 많은 그리스도교인이 이 교리를 잊어버린 건 커다란 재앙입니다. 요즘 사람들은 그리스도교인이 많은 시간을 홀로 지내다가 자신이 창조한 세상이 잘 운행되는지 안 되는지 살피기 위해 주변을 배회하면서 잔소리나 해대는 신을 믿는다고 여깁니다. 다른 종교와 마찬가지로 그리스도교도 신을 탐구합니다. 신을 탐구하는 일은 인류 전체가 만족할 수 있는 무한한 실재의 유한한 표현을 탐구하는 일입니다.

어떤 면에서 우리는 모두 신을 탐구하는 여정 중에 있다고 할 수 있습니다. 신은 아직 우리에게 오지 않았지만 곧 다가올 더 큰 비전을 향해 움직이도록 우리를 격려하고 앞으로 나아가게 만듭니다. 그의 인도를 따라 우리는 이 끝없는 여정에 우리 몸을 던집니다.

02

—

우주는 어떻게 신을 가리키는가?

신이 유한한 세계의 기원이며 원천이라면 우리는 이 신을 무엇과 같다고 말할 수 있을까요? 앞에서 말했듯 신을 있는 그대로 묘사할 수는 없습니다. 그러나 이 세상과 관련지어 신에 관한 무언가를 말할 수는 있습니다. 신이 세상과 관계 맺는 방식에 관한 몇몇 개념은 신의 본성을 드러내는 데 적절해 보입니다. 신이 어떤 존재인지를 탐구하는 확실한 방법은 유한한 이 세계의 특성을 보고 거기에서 가장 일반적인 성질을 드러내 이 세상이 무엇을 표현하고 있는지를 살피는 일입니다.

이 세계의 가장 분명한 특징은 합리적 질서와 법칙을 지넜다는 점입니다. 자연과학의 등장과 발전, 성과는 신 존재를 드러내는 가장 좋은 논거가 될 수 있습니다. 어떤 이들은 과학이 종교의 적이라고 생각합니다. 일부 과학자와 일부 신자들 사이에 일어났던 어리석은 다툼 때문이지요. 우리는 갈릴레이Galileo Galilei와 교회, 헉슬리Thomas H. Huxley와 진화론을 반대하던 윌버포스Samuel Wilberforce 주교 사이에서 벌어졌던 갈등을 기억하고 있습니다. 그러나 이는 특정 개인 사이에서 일어난 갈등이었을 뿐입니다. 그리고 보통 이러한 논쟁에서는 모두 과학자들이 승리했지요. 하지만 본래 종교와 과학은 다툴 필요가 없습니다.

과학은 어떻게 작동하는가?

현대 과학이 유신론 세계, 특히 그리스도교 문화에서 탄생해 성장했다는 점은 절대 우연이 아닙니다. 과학이 신앙과 밀접하게 연결되어 있음을 보여주는 대표적인 인물은 아이작 뉴턴Isaac Newton입니다. 그는 종교에 관심이 많았으며 과학 탐구뿐 아니라 성서 연구에도 많은 시간을 할애했습니다. 새로운 자연법칙을 발견할 때마다 그는 신이 쓴 책의 내용을 읽어냈다고 말했습니다. 신이 세계를 창조했다는 그의 믿음은 자연법칙을 탐구하는 주요 동기가 되었습니다. 신이 이성적으로 세계를 움직인다고 믿지 않았다면, 이를테면 많은 신이 자의적이고 임의적인 욕망과 바람을 가지고 이 세계에 관여한다고 믿는다면 과학은 가능하지 못했을 것입니다. 세계의 모든 요소가 운명이나 순전한 우연들, 영이나 신의 예측할 수 없는 행동으로 발생했고, 이를 바탕으로 움직인다고 믿는 문화에서는 과학이 시작될 수 없습니다. 세상을 창조한 합리적인 신이 존재한다고 믿고 이성적인 신이 우리에게 우주에 대한 진리를 우리가 납득할 수 있는 방식으로 말해줄 수 있다고 생각할 때 비로소 과학은 시작될 수 있습니다.

이성적인 신이 존재한다는 말은 우주의 기초가 이성적이라는 말과 크게 다르지 않습니다. 적어도 이성은 우주가 실제로 어떠한지 단서를 발견할 수 있도록 도움을 줍니다. 우주는 그 자체로 이성에 근거해 있기 때문입니다. 종교는 이성을 외면하지 않으며 과학을 반대하지도 않습니다. 어떠한 측면에서는 종교가 이 세상에 존재하는 가장 이성적인 활동이라고도 할 수 있습니다. 과학이 제공하고자 하는, 세계에 대한 이성적 설명의 토대를 제공하기 때문입니다.

16, 17세기 유럽에서 시작한 과학에 대해 생각해봅시다. 어떤 이들은 주변 세상과 사물을 좀 더 가까이서 보거나 면밀히 관찰하면서 과학이 시작됐다고 말합니다. 이는 사실이

아닙니다. 사람들은 수백, 수천 년 전부터 세상을 주의 깊게 관찰해왔지만 과학은 시작되지 않았습니다. 사람들이 주변 세계를 관찰하기 시작하면서가 아니라 온 세상을 합리적으로 설명하기 위해 노력했을 때, 세상을 보이는 대로 받아들이기를 멈추고 완벽하고 합리적으로 짜인 세상에 대해 궁리했을 때 과학은 시작되었습니다.

이를테면 뉴턴의 '관성의 법칙(제1 운동법칙)'을 생각해 봅시다. 이 법칙에 따르면 특정한 속도를 유지하고 직선 방향으로 움직이는 물체는 무언가에 제지받지 않는 한 동일한 속도와 방향으로 계속 나아갑니다. 하지만 지구에서 이 법칙을 관찰할 수는 없습니다. 우리가 공간을 가로질러 어떤 물체를 던진다면 물체는 재빠르게 바닥으로 떨어집니다. 지구에서 영원히 직선 방향으로 움직이는 물체는 없습니다. 관찰에만 의존한다면 뉴턴의 관성의 법칙은 거짓일 것입니다. 그러나 우리는 던진 물체에 중력이 작용하고 공기 입자가 직선 운동을 방해하고 있음을 알고 있습니다. 그럼에도 불구하고 뉴턴의 이론은 이론일 뿐입니다. 그의 이론은 완벽한 진공 상태로 이뤄진 공간에서만 증명할 수 있는 추상적 이론입니다. 그는 순수한 가설, 순전한 이론을 제시했던 것입니다.

이처럼 과학의 시작은 관찰이 아닙니다. 과학은 먼저 합리적인 가설을 제시하고 가설을 증명할 실험을 구성한 뒤, 자연을 관찰하지 않고 통제하는 방식으로 이루어집니다. 현대 과학의 근본 전제와 시작점은 세상에 대한 합리적인 이론이 세상이 실제로 작동하는 방식과 딱 들어맞는다는 데 있습니다. 수학자들이 자주 사용하는 표현을 빌려 말하자면, 이성적 이론은 단순하고 우아합니다. 모든 이론은 단순함을 추구합니다. 모든 법칙은 몇 가지 단순하고 일반적인 법칙에서 파생되어야 하고, 가능하다면 모든 법칙을 포괄하는 단 하나의 법칙에서 뻗어 나와야 합니다. 또한 모든 이론은 수학적 아름다움, 우아함을 추구합니다. 어떤 현대 물리학 이론은 이론이 우아함을 지니고 있다는 이유만으로 거의 사실로 간주되기도 했습니다.

복잡한 우주는 기원인 대폭발Big Bang 때부터 존재했던 정밀한 힘 균형 때문에 발전할 수 있었다고 많은 물리학자가 믿고 있습니다. 예를 들면 초창기 우주부터 하나의 핵입자당 1,000개의 광자라는 비율이 유지됐습니다. 이 비율은 우주가 발전하는데 필요한 조건이었습니다. 상황이 조금만 달랐더라도 별과 행성, 이성적 존재들은 나타나지 못했을 것입니다. 물리학자들은 최근에야 이 놀라운 사실을 발견했습니다. 물론 이러한 사실에 만족하지 못하는 학자들도 있습니다. 스티븐 와인버그Steven Weinberg는 묻습니다.

왜 초기 상태가 그러해야만 하는가?

왜 꼭 그렇게 되어야 하는가?

무엇으로 그것을 설명할 수 있는가?

그는 물리학자로서 "더 큰 논리적 필연성을 원한다"고 말했습니다. 그의 말처럼 과학자들은 우주의 초기 상태와, 발전 방식에 대해 더 완벽하게 설명할 수 있기를 바랍니다.

이러한 바람은 과학적 태도의 기초입니다. 과학자들은 모든 것을 완벽하게 설명하려 합니다. 어떤 사건을 그저 우리 주변에서 일어난 이상한 일 정도로 넘기지 않고, 그에 대해 파고들어 탐구합니다. 그들은 어떤 사건이 일어난 데에는 반드시 이유가 있으며, 그 이유에 대해 더 상세하고 정확한 설명이 필요하다고 생각합니다.

어느 철학자가 말했듯 모든 존재는 반드시 이유를 지녀야 하고, 발생한 모든 일에는 이유가 있어야만 한다는 생각을 증명할 수는 없습니다. 그러나 모든 일에 이유가 있다고 가정하지 않으면 과학은 성립하지 못합니다. 과학뿐만 아니라 일상적인 삶 또한 불가능합니다. 일상에서도 우리는 상식적으로 모든 일에는 이유가 있다고 가정합니다. 아침에 침대에서 일어났을 때 바닥이 사라져 버렸다면 우리는 이를 설명하는 충분한 이유가 있어야 한다고 생각합니다. 바닥은 간단하게 사라지지 않습니다. 바닥은 대체로 거기 그대로 있습니다. 왜 그럴까요? 자연법칙이 끊임없이 작동하기 때문입니다. 어떠한 설명도 없이 일어나는 일이란 없습니다. 바닥이 그냥 사라지는 것과 마찬가지로 내 오른쪽 다리가 갑자기 화분으로 변할 위험은 없습니다. 낙타가 갑자기 거실에 나타날리도 없지요. 어떤 방식으로도 설명할 수 없는 일은 일어나지 않습니다. 이렇게 우리는 일상과 과학의 모든 사건에 반드시 이유가 있으리라고 생각합니다. 우리가 온당하지 않은 이유를 추구하거나, 이유를 잘못 알아낼 수도 있습니다. 또 우리가 찾는 이유가 반드시 있어야만 하는 것도 아닙니다. 그러나 어떤 일을 초래한 이유가 있고, 이를 적절하게 설명할 수 있다는 생각은 일상생활과 과학을 가능하게 하는 기본 믿음이자 공리axiom입니다.

신 - 궁극의 설명

우리는 여기서 더 나아가 반드시 무언가가 존재해야 할 이유를 말할 수 있습니다. 이러한 방식은 원인과 결과를 따지는 설명에서 비롯합니다. 세상에 발생한 어떤 일은 일정한 법칙을 따릅니다. 법칙은 매우 이성적입니다. 물리적인 물체가 언제 어디서나 따르는 듯 보이는 일종의 규칙입니다. 법칙은 모든 사물이 임의적이고 무질서하게 움직이지 않도록 제어합니다. 물론 물리학이 우연을 말할 때도 있습니다. 그러나 이는 매우 드문 경우고 다른 변인들을 철저하게 통제했을 때만 순수한 우연이 성립할 수 있습니다. 어떤 일도 전적인 의미에서 우연히 일어나지는 않습니다. 입자 물리학에서 '임의 사건들'random events이라 부르는 개념을 받아들인다 하더라도 이 사건들은 매우 좁은 범위에서만 발생합니다.

이를 다른 사례에 빗대어 보자면 원자핵 주위 궤도를 돌던 한 전자가 갑자기 다른 궤도를 향해 튀어 오르고, 다시 어디로 튈지 모르는 상황 정도로 이해할 수 있습니다. 우리는 이를 자연의 임의적 요소random factor라고 부릅니다. 그러나 여기서도 임의성은 매우 제한되어 있습니다. 전자가 갑자기 전하량을 바꾸거나, 순간적으로 유령처럼 흔적도 없이 사라질 거라고는 아무도 생각하지 않습니다. 그런 일이 발생했다면 입자 물리학은 성립할 수 없습니다. 실험을 반복할 수도, 다음에 어떤 일이 벌어질지 예측할 수도 없는 상황이 발생하기 때문입니다.

따라서 우주에서 벌어지는 사건들은 일반 법칙에 따라 일어나야 합니다. 17세기 뉴턴과 동시대를 살던 철학자 라이프니츠Leibniz는 자연이 가능한 한 가장 단순한 법칙을 따라 구성되었으면서도 가장 풍성하고 복잡한 효과를 내도록 고안되었다고 말했습니다. 이것이 바로 과학의 이상입니다. 과학자들은 가장 단순한 법칙, 이상적으로는 실재를 설명하는 가장 근원적인 법칙에서 출발해 자연의 모든 발전 과정을 통해 얻은 풍성한 결과를 설명하고 싶어 합니다.

이렇게 구성된 우주는 완벽하게 이성적입니다. 현대 과학은 구성된 우주 자체가 이성적일 뿐만 아니라 이성적으로 작동한다고 가정합니다. 우주가 작동하는 방식은 우주를 이성적이라고 말하는 가장 좋은 논거입니다. 우주는 우리가 기대하는 일반적이고 우아한 원칙에 따라 구성되었기에 설명 가능합니다.

이러한 설명이 가리키는 바는 우주의 기원이자 토대인 신역시 이성적이라는 사실입니다. 이는 신이 인간과 비슷한 사유 능력, 사고력을 갖고 있다고 말하는 게 아닙니다. 신을 인간과 매우 닮은 의인화된 존재로 만들려는 것도 아닙니다. 다음을 생각해 봅시다.

신은 이성을 지니지 않았고,

비합리적이며 순전히 임의적인 존재다.

신은 이성적 존재이고,

이해할 수 있는 법칙에 따라 사물에 질서를 부여한다.

둘 중 하나를 선택해야 한다면, 그리고 우주를 잘 관찰해본다면 우리는 두 번째 문장을 고르게 될 것입니다. 우리는 우주의 기초가 그 자체로 이성적이며 이해 가능하다는 점을 알고 있습니다. 그래서 인간은 물리적인 우주를 조사하고 탐구할 수 있습니다.

그러므로 신을 믿는 행위는 알려지지 않은 어떤 존재에 대한 비합리적인 숭앙이 아닙니다. 신을 믿는 일은 우주를 존재하게 하는 합리적인 원인이 있음을 믿는 일입니다. 그리고 이 믿음은 보편적이고 이성적인 자연법칙이 존재한다고 믿는 과학 역시 공유하는 믿음입니다. 그리스도교 전통은 이러한 믿음을 '신 존재 증명'에서 논의했습니다. 물론 이때 '증명'proof이라는 말을 오해해서는 안 됩니다.

오늘날 많은 이는 수학의 영향을 받아 '증명'이야말로 절대적으로 확신할만한 것이라고 여깁니다. 누군가 2 더하기 2가 4임을 증명했을 때, 당신이 이를 믿지 못하겠다고 말하면 당신은 무지하거나 틀린 것이 됩니다. 증명은 이성적인 동의를 끌어내는 강력한 수단입니다. 그래서 어떤 이들은 신 존재 또한 '증명'해야 하고 이를 통해 다른 이들에게 확신을 주어야 한다고 생각했습니다. 그들은 신 존재 증명이 있는데도 이를 받아들이지 않는 이는 무지하거나 잘못된 생각을 하는 사람이라고 여겼습니다. 그러나 우리는 신 존재 증명을 알고 있는 매우 지적인 사람도 여전히 신을 믿고 있지 않음을 압니다. 그렇다면 어떻게 신의 존재를 증명할 수 있을까요?

신에 관한 증명들은 신을 믿지 않는 이들에게 확실한 증명도 아닐뿐더러 어떠한 의미도 전달하지 못합니다. 그들은 과학과 일반 상식이 가정하듯이 이성적 법칙에 기반을 둔 이 세상을 완벽하게 설명할 수 있기를 바랄 뿐입니다. 그러나 세상이 완벽하게 설명될 수 있다는 생각은 증명할 수 없습니다. 세상을 온전하게 설명할 수 있다는 현대 과학의 견해, 순전히 과학의 놀라운 성과에 의해 정당화된 듯 보이는 이 생각도 실은 일종의 신앙입니다. 우리가 접하는 이 세상을 온전히 설명할 수 있다면, 가장 유명한 증명인 인과론causal argument에 기대어 다른 존재를 존재하도록 하는 근원적인 존재가 있음을 보여주는 데서 시작해야 합니다. 이 근원적인 존재가 바로 '신'입니다.

논증은 우리가 모든 사건에 대한 설명을 찾고 있고, 적어도 찾아야 한다고 말하면서 시작됩니다. 여기에는 이 세계에서 일어나는 모든 일을 충분히 관찰하면 원인을 발견할 수 있고 이를 설명할 수 있다는 가정이 들어 있습니다. 이것은 과학의 기본 태도입니다. 과학자는 사람들이 어떤 지점에 도달했을 때 탐구하기를 멈추고 "이거면 충분해요. 더는 원인에 대해 고민하지 않겠어요. 지금부터는 있는 대로 받아들이겠어요"라고 말하는지 이해하지 못합니다. 저 지점이야말로 논증을 시작해야 하는 지점이고 모든 것에 대한 설명이 있어야 할 자리입니다.

다음으로, 논증은 모든 것에 대한 설명이 영원히 계속될 수 없음을 지적합니다. 우리는 모든 것을 다른 것으로 설명해야 한다고 계속해서 말할 수는 없습니다. 설명이 계속된다면 완전한 설명은 존재할 수 없게 되기 때문입니다. 어디서든지 설명할 수 없는 무언가가 남습니다. 이 지점에 이르면 누구도 완벽한 설명이 있어야 한다고 증명할 수 없습니다. 그러나 우리의 지적 호기심은 완전한 설명을 찾도록 우리를 추동합니다. 우리는 만족할 만한 답변을 찾을 때까지 '왜?'라는 질문을 계속 던집니다. 하지만 이에 대한 설명이 영원히 이어진다면 최종적인 대답은 얻을 수 없게 됩니다. 그렇다면 뒤집어서 설명이 어느 지점에서는 멈춘다고 가정하고 모든 질문에 답할 수 있는 완벽한 설명이 정말로 있다고 생각해봅시다. 그것은 무엇처럼 보일까요?

세계를 설명하는 완벽한 대답이 있다고 생각해 볼 때, 또한 세계가 이해될 수 있고 충분히 이성적이라면 그러한 세계뿐만 아니라 다른 모든 것들도 설명하는 그 무언가를 상정해야만 합니다. 이 세계 속에서 그 무언가를 찾는 일은 불가능합니다. 왜냐하면 신을 믿는 이들이 말하길, 그러한 특징을 가진 이는 오직 신밖에 없기 때문입니다. 여기서 거칠지만 비유 하나를 들어보려 합니다. 제가 길을 건너고 싶다고 당신에게 말했다고 가정해봅시다. 당신은 제게 "왜요?"라고 묻겠지요. 그러면 저는 당신에게 "길 저편으로 가야 하거든요"라고 대답할 것입니다. 그 대답이 충분하지 않다고 느낀 당신은 제게 "왜요?"라고 되물을 겁니다. 그러면 저는 "아이스크림을 먹고 싶거든요"라고 답합니다. 조금 어색함을 느끼겠지만 당신은 다시 "왜요?"라고 묻습니다. 당신이 '왜'라는 질문을 계속한다면 저는 대답하느라 진땀을 흘리겠지요. 저는 그저 아이스크림을 좋아할 뿐입니다. 제가 아이스크림을 좋아한다는 것은 저와 아이스크림에 관해 마지막으로 남는 사실입니다. 그렇다고 해서 이는 설명이 필요 없는 자명한 사실은 아닙니다. 다만 제가 왜 아이스크림을 좋아하는지 더 설명할 수 없을 뿐입니다. 이제 저는 더 이상 당신에게 진전된 이유를 건넬 수 없습니다. 이곳이 바로 인과관계의 연결고리가 끝나는 지점입니다. 아이스크림을 먹고 싶었다는 말은 길을 건너는 제 행동의 원인 중 하나일 수는 있지만 그 행동 전부를 설명할 수는 없습니다.

물론 이 예가 좋은 예는 아닙니다. 아이스크림을 먹고 싶은 제 욕구는 생리학적으로 설명할 수 있고, 나는 아이스크림을 좋아한다는 말로 그 모든 행동을 다 설명했다고 보기는 어렵기 때문입니다. 이 예는 그저 인과관계의 연결고리가 끝나는 지점을 생각해 보는 데 도움을 줄 뿐입니다. 우주의 경우, 우리는 그 자신 외에 다른 어떤 것으로도 설명될 수 없는, 그러나 자신의 본성과 존재를 완전하게 설명하는 인과관계의 연결고리의 끝을 알고자 합니다. 우주에 관한 완벽한 설명이 있다면 그 설명은 다른 어떤 것으로도 설명될 수 없지만 자기 자신을 충분히 설명하는 존재인 신을 전제해야 합니다. 신은 그 이상의 설명을 필요로 하지 않습니다. 우리가 이 존재를 상상할 수 있을까요? 그럴 수 없습니다. 우리는 자기 스스로를 설명하는 어떤 존재도 떠올릴 수 없습니다. 우리는 신을 상상할 수 없습니다. 이것이 바로 신학자들이 늘 말해 온 것입니다. 우주가 완벽하게 설명 가능하다면 우주를 포함하면서도 자기 스스로를 설명하는 존재가 있어야 하고 그는 하나여야 합니다.

신은 전적으로 유일한 존재여야 합니다. 우리가 신을 온전하게 이해할 수 있다면 우리는 이렇게 말할 것입니다.

나는 이제 신이 왜 그렇게 존재하는지 이해합니다. 신은 모든 것을 포괄하면서도 스스로를 완벽하게 설명하는 방식 외에 다른 어떤 방식으로도 존재할 수 없습니다. 신을 대신할 수 있는 존재는 없습니다. 신은 그렇게 존재해야만 합니다.

물론 이는 신이라는 존재를 무엇에 견줄 수 있을지를 보여주는 하나의 단서, 견해에 불과합니다. 신은 언제나 우리 너머에 있습니다. 신에 관한 개념은 환상에 불과하거나 불가능한 것일지도 모릅니다. 신의 존재는 단 한 권의 책으로, 추상적인 논증을 통해 설득할 수 없습니다. 다만 신 존재를 두고 일어나는 논쟁이나 증명은 다음과 같은 진실을 추구합니다.

우리는 과학자가 우주를 보듯 우주를 보는 데서 시작합니다. 우주는 놀랍도록 우아하며 이성적인 구조를 보여줍니다. 우주는 인간 정신이 적절한 훈련을 받으면 이성적인 설명을 제공하는 것처럼 보입니다. 우리는 탐구하고 설명하는 이 과정을 가능한 한 더 멀리까지 확장하려 합니다. 이 생각을 이어가면 우리는 우주가 전적으로 이성적으로 만들어졌으며 그 이성은 스스로가 스스로를 설명하는, 자기 자신에 완전한 설명이라는 개념에 다다르게 됩니다.

이러한 생각은 우리 경험과는 동떨어져 있기에, 이해하기 쉽지 않고 실제로 그러한 일이 가능한지 확신할 수 없습니다. 그러나 우리는 이성적인 이해가 추구하는 궁극적인 목적 즉 신이 유한한 우주에서 우연히 마주치게 되는 다른 대상들과는 구별되는 실재이면서도 만물이 의존하는 자기충족적인 실재임을 압니다. 신에 관한 논증은 우리에게 어떤 방향, 더 큰 이해로 나아가는 방향을 가리킵니다. 그러나 이 또한 경험할 수는 없습니다. 이는 순수한 학문 훈련을 통해 파악 가능한 추상적 개념 역시 넘어섭니다. 신에 관한 논증은 우리 정신을 우리 이해 '너머'에 있는 실재를 향하게 함으로써 더 큰 이해가 가능하도록 돕는 훈련입니다.

신에 관한 논증은 순간적이며 변화하고 늘 죽어가는 파편들의 집합체인 세계가 매 순간 어떤 존재에 의존하고 있으며, 변하지 않고 안정적이며 완전하고 충분히 이성적인 존재 질서를 표현한다는 관점을 설득력 있게 제시하는 데 그 목적이 있습니다. 신에 관한 증명들이 수학 증명과 다른 이유는 최종적으로 무한한 존재에 대한 비전을 보여주는 데 그 목적이 있다는 점입니다. 순수하게 이성적인 과정은 무한한 존재를 떠올릴 수 없습니다.

신 - 궁극적 원인

신에 관한 개념 중에는 '모든 것의 최초 원인'이라는 개념이 있습니다. 신은 가장 먼저 만들어진 사물이 아닙니다. 이어지는 사물들 중 가장 앞자리에 위치한 사물도 아닙니다. 신이 온 우주의 기원이라면 그는 공간뿐 아니라 시간에 대한 원인이기도 해야 합니다. 따라서 신은 우리가 보통 말하듯 시간과 공간을 초월한 무언가입니다. 신은 그저 시간 안에서 맨 처음 등장한 사물이 아닙니다. 신은 시간의 창조자이며, 시간 자체에 대한 설명이 되어야 합니다. 또한 신은 영원해야 합니다. 신을 우주의 원인이라고 말할 때, 이는 신이 시간의 처음인 태초에 모든 과정이 진행되도록 시동을 걸었다고 말하는 게 아닙니다. 신은 시간을 초월해 있습니다. 시간과 공간, 그 안에 있는 만물은 모두 신에게 의존합니다. 신이 없다면 만물은 존재할 수 없습니다. 신은 홀로, 스스로 존재하는 자입니다. 다른 어떤 것에도 의존하지 않고 신은 존재할 수 있으며, 존재하기 위해 다른 어떤 것도 필요로 하지 않습니다.

신이 시간을 초월해 있다면, 신은 변화 또한 넘어서야 합니다. 모든 변화는 시간 안에서 이뤄지기 때문입니다. 따라서 신은 변하지 않고unchanging, 바뀔 수도 없습니다immutable.

이 천지만물 모두 변하나, 변치 않는 주님 함께 하소서.[*]

변함없고 스스로 존재하는 신, 시작도 끝도 없이 영원하고 우주 만물의 토대가 되며 그들을 유지하는 신, 눈에 보이는 만물이 의존하는 존재인 신을 우리는 희미하게나마 이해할 수 있습니다. 우주의 합리성을 이해하려는 과학자들의 신념이 궁극적으로 정당화되기 위해서는 신 존재가 필요합니다.

만물의 자존하는 원천이자 영원하고 변함없는 존재 개념을 통해 우리는 과학과 종교가 어떤 지점에서 만나는지를 알 수 있습니다. 그러나 난처한 문제가 있습니다. 앞에서 저는 신을 인간 존재처럼 설명할 수는 없다고 말한 바 있습니다. 그런데 동시에 저는 신을 이해할 수 있다고도 말했습니다.

---

[*] 성공회 성가 447장

어떻게 이 둘을 동시에 말할 수 있을까요? 이 문제를 해결하기 위해서는 실제 신과 우리가 신에 관해 이해하는 바를 구별해야 합니다. 앞서 말했듯 우리 지성은 제한적이기에 있는 그대로의 신을 온전히 이해할 수는 없습니다. 그러나 신의 본성이 어떠해야 하는지는 이해할 수 있습니다. 다시 말하면 완전한 설명이 존재하고, 우주가 전적으로 이성적이라고 해봅시다. 우리는 이를 알거나 믿을 수는 있어도 완전하게 설명할 수는 없습니다. 완전하게 설명하려는 인간의 이상은 아직 도달하지 못한 목표로 남아 있습니다. 인간의 정신은 전체를 파악할 수 없기 때문입니다. 종교 언어로 말해보자면 신의 실재가 모호하기 때문이 아니라 그 실재가 자아내는 강렬한 빛 때문에 우리가 그 실재를 볼 수 없는 것입니다.

따라서 '신이 무엇이다' 혹은 '무엇과 같다'는 긍정의 방식으로는 신을 설명하지 못합니다. 우리에게는 신을 속속들이 볼 수 있게 해주는 창문이 없습니다. 신에 대한 모든 묘사는 부정의 방식으로 이루어집니다. 신은 시간 안에 존재하지 '않으며', 신은 다른 존재에 의해 창조되지 '않았고', 어떤 사물에도 의존하지 '않는다'고 말이지요. 신이 변하지 '않는다'는 말 또한 마찬가지입니다. 우리가 신을 이성적인 정신이라고 말하는 이유는 이것이 적절하다기보다는 우주를 설명하고 이해하는 기초로 우리가 제시할 수 있는 가장 좋은 명칭이기 때문입니다. 이 개념은 신을 비이성적이고 임의적인 무의식적 힘이라고 말하는 것보다 오해의 소지가 적습니다. 달리 말하면 이 세계의 기원은 인간의 이성이나 의식 아래 있지 않으며 이를 넘어섭니다.

영원하고 스스로 존재하는 신에 대한 믿음은 유한한 세계에서 표현되는 무한한 존재의 속성을 더 잘 이해하게 해줍니다. 이성적이고 질서정연하며 수학적인 우아함을 갖춘 세상을 바라본다면, 스스로 존재하는 이성적 의식이 세상의 기초를 놓았다는 생각은 합당해 보입니다. 그리스도교인이라면 대개 이를 믿습니다. 그들은 태초에 세상을 힘 있게 창조한 뒤 오랫동안 아무것도 하지 않으며 꾸벅꾸벅 졸고 있는 신을 믿지 않습니다. 그리스도교인이 신을 "전능하신 아버지, 하늘과 땅과 유형무형한 만물의 창조주"라고 부를 때, 이는 신이 과학이 탐구하는 일반적이고 이해 가능한 법칙을 지닌 우주에서 자신을 생성하고 표현하는 영원한 의식이라고 말하고 있는 셈입니다.*

---

* 니케아 신경 중 창조주 하느님에 대한 고백에 해당한다. "우리는 믿나이다. 한 분이시며 전능하신 하느님 아버지, 하늘과 땅과 유형무형한 만물의 창조주를 믿나이다."

신은 만물의 궁극적인 원천으로서 "아버지"라 할 수 있습니다. 신은 만물을 존재하게 하고, 존재 의미와 원인을 설명하기에 전지전능합니다. 궁극적 원인인 신은 자신이 명령하지 않는 한 어떤 식으로도 변화, 수정되거나 방해받을 수 없습니다. 만물에 대한 신의 힘은 한계를 모릅니다. 신이 만든 사물들을 통해 드러나는 신의 지혜는 숨이 멎을 만큼 경이롭습니다. 영원한 신의 무한한 힘과 지혜를 깨달을 때 예배는 시작됩니다. 그렇기에 과학이 우리가 사는 우주의 아름다움과 광대함, 우주의 이성적인 구조를 점점 더 발견해낼수록 신에 대한 깨달음도 더 깊어지고 예배 또한 더 진중해질 수 있습니다.

03

—

신은 목적을 가지고 있는가?

그리스도교인들이 신을 "전능하신 아버지, 하늘과 땅과 유형무형한 만물의 창조주"라고 말할 때 많은 이는 이 표현을 순진하고 어리숙한 이들에게나 걸맞은, 일종의 그림 언어 picture language로 여겼습니다. 그러나 이 고백에는 신이 무한하고 한계가 없는 실재이며, 유한한 우주를 통해 표현되는 영원하며 자존하는 존재로 만물의 원천이자 무한한 힘과 지혜를 지녔다는 훨씬 더 미묘하고 심오한 뜻도 담겨 있습니다. 신은 유한한 우주를 떠받치고 있는 이성적이고 질서정연한 법칙의 원천입니다. 그러므로 신을 자연의 기원이자 기초를 이루는 이성적 의식으로 생각하는 건 옳습니다. 이러한 신을 향해 존경과 경외를 담아 힘과 지혜가 무한한 존재로 경배하는 일 또한 자연스러운 일입니다.

물론 성서는 이 책에서 이야기하는 것과 똑같은 방식으로 신을 이야기하지는 않았습니다. 그러나 성서에서 신을 성찰하고, 신에 대해 글을 쓴 이들 또한 신의 힘과 지혜가 자연 세계를 통해 드러난다고 생각했습니다. 성서 저자들은 근대 과학 세계관을 알지 못했고 이성적 의식이 창조한 자연 세계를 지금과 같은 수준으로 이해하지 못했습니다. 그러나 그들은 위대한 힘과 지혜를 지닌 신이 자연에 현존하며 자신의 영향을 끼치고 있음을 알았습니다. 그들은 외쳤습니다.

하늘은 하느님의 영광을 드러내고,

창공은 그의 솜씨를 알려 준다. (시편 19:1)

그들은 근원적인 힘에 의존하여 이 세계가 유지되고 있음을 알았습니다. 다시 말해 그들은 매일 일어나는 사건들 속에서 힘을 지닌 무언가를 볼 수 있었습니다.

물론 성서에서는 신이 "하늘과 땅과 유형무형한 만물의 창조주"임을 보여주기 위해 정교한 논증을 펼치지는 않았습니다. 하지만 인간 정신은 사물의 아름다움과 질서를 곧바로, 자연스럽게 인식할 수 있고 이 세계를 이루는 사물, 이 세계에서 일어나는 사건에서 계속해서 신, 신의 힘, 신의 지혜를 볼 수 있음을 이야기합니다. 이는 신을 믿는 데 있어서 커다란 부분을 차지합니다. 그러나 우리는 한 걸음 더 나아가 물어야 합니다. '이 세계는 어떤 목적을 가지고 있을까요?' 이 세계는 특정한 모습을 갖추고 있고 질서가 있습니다. 그리고 세계의 기원은 무한한 힘을 가진 것처럼 보입니다. 그렇다면 신의 존재가 질서를 갖춘 세계로 표현되어야만 하는 이유가 있을까요? 이때 어떤 목적이 있다고 생각하는 건 자연스러운 일입니다. 하지만 다시 한번 물어봅시다. 우리는 어쩌면 우리 자신을 속이고 있는지도 모르니 말이지요.

우리는 왜 여기에 있는가?

많은 사람이 인류는 우주에서 아주 미미한 부분에 지나지 않으며 인간 정신은 매우 제한적이기에 우주 전체가 목적을 가지고 있다고 말하는 것은 오만일 뿐 아니라 별다른 성과도 없는 것이라고 생각합니다. 실제로 인간은 수많은 은하계 중 한 가장자리에 위치한 작은 항성을 돌고 있는 소행성에 살고 있습니다. 이렇게 미미한 존재가 만물의 목적에 대해서 추측하는 것이 가능한 일일까요? 우리에게는 어떤 목적이 있다고 생각할 필요가 있을까요?

이 우주가 목적이 있다고 생각하는 이유는 일단 우주를 이성적 의식의 표현이라고 생각하면 우주가 어떤 목적을 가지고 있으며 의식은 이러저러한 이유로 자신을 표현하고 있다고 생각하는 것이 매우 자연스럽기 때문입니다. 앞서 과학은 사물이 왜 존재하는지 항상 그 이유를 묻는 방식임을 말한 바 있습니다. 과학에서 이유를 묻는 것은 일반적으로 무엇 때문에 사물이 존재하게 되었는지 그 원인을 묻는 것이지만 우주가 존재하게 된 그 이유를 물을 때 만족스러운 대답은 어떤 목적이 있다고 할 때만 가능합니다. 우주가 존재하게 된 이유를 물을 때는 어떻게 우주가 시작되었느냐는 물음뿐 아니라 그것이 겨냥하는 바, 그 목적, 그 방향을 묻는 것이 포함되어 있기 때문입니다. 우리는 이 우주가 어떤 목적을 가지고 창조된 것처럼 보이느냐고 물을 수밖에 없습니다. 이는 과학적인 사고 틀에서 자연스럽게 뻗어 나온 적절한 질문입니다.

그렇다면 우주가 목적을 지녔다고 생각하는 것은 합리적인 생각일까요? 성서가 쓰일 당시 사람들은 우주의 모습에 대해 우리와는 매우 다른 관점을 갖고 있었습니다. 그들은 우주가 상당히 작으며 지구가 우주의 중심에 있다고 생각했습니다. 지구는 평평한 접시 같은 모습을 하고 있고, 하늘은 반구형 지붕처럼 지구를 덮고 있으며 해, 달, 별은 그 지붕에 매달린 일종의 전등으로 여겼지요. 인류의 역사는 2000년 정도 되었다고 판단했고 신이 가장 관심을 기울이는 피조물은 인간이라고 생각했습니다. 물론 당시 사람들은 하늘과 땅 사이에 천사, 대천사처럼 일종의 '천상의 존재들'이 있다고 생각했으며 그 결과 전체 우주는 그들이 생각했던 것보다 더 컸을 수도 있음을 염두에 둘 필요가 있습니다(신은 이 천상의 존재들에게도 관여합니다). 그렇다고 해도 기본적으로 당시 사람들이 그리고 있던 우주는 오늘날 우리가 생각하는 것보다는 훨씬 규모가 작았습니다. 그리고 인간은 그 우주의 중심에 있었습니다. 당시 사람들이 신의 목적을 물었을 때 그 질문은 이 지구라는 행성 위에 사는 삶의 목적에 관해 묻는 것과 크게 다르지 않았습니다.

오늘날 우리는 이런 방식으로 사물들을 보지는 않습니다. 인간은 우주의 주변부에 있으며 전체 창조에 비추어 봤을 때 인간 존재가 신의 핵심 목적일 가능성은 매우 희박해 보입니다. 지구는 우주의 중심은커녕 태양계에서도 중심이 아닙니다. 그러나 우리는 동시에 이 방대하고 아름다우며 경외심을 일으키는 우주가 대부분 빈 공간으로 이루어져 있음을, 생명

없는 바위, 이글거리는 태양들과 가스 구름으로 채워져 있음을 기억해야 합니다. 수백만 광년 길이의 우주가 아무리 경이롭게 다가온다 할지라도 어떤 의미에서는 수백만 광년의 빈 공간 전부보다 극히 미미하고 하찮아 보일지라도 의식 있는 존재가 훨씬 더 가치가 있습니다. 크기가 전부는 아닙니다. 가장 크고 가장 아름다운 것이라 해도 아무도 이를 알지 못해 그 누구에게도 평가받지 못하고 인정받지 못한다면 그것은 가치 없는 존재일 뿐입니다. 사물은 오직 그것을 알아주는 누군가에 의해서만 가치를 갖습니다. 어떠한 사물이 가치 있다는 말은 그 사물을 선택할 이유가 있다고 말하는 것과 같습니다. 사물은 사물이 지닌 영향력을 따져보는 어떤 의식에 의해 선택됩니다. 의식되지 않는 우주는 별다른 가치를 갖고 있지 못합니다.

보편적인 가치들

우리는 가치 있는 많은 것을 알고 있습니다. 그중 가장 대표적인 것은 '행복'happiness입니다. 우리는 행복을 가치 있게 여깁니다. 즉 우리는 행복을 선택할 만한 가치가 있다고 생각합니다. 우리는 행복하지 못할 때 행복을 구하며 행복을 구하면 만족해합니다. 행복은 본질적으로 좋은 것입니다.

즉 그 자체로 선한 것이며 그것 자체를 위해 선택하는 무엇입니다. 이상하게 들릴지도 모르지만, 우주 그 어디에도 의식이 존재하지 않는다면 작은 행성에 살고 있는 하찮은 한 생물의 행복이 우주 나머지 전체보다 더 가치 있다는 말은 진실입니다. 자신을 위해 가치를 선택하는 어떤 의식적인 존재가 없다면 그 어떤 것도 가치를 지닐 수 없기 때문입니다.

우리에게 그 자체로 선택할 만한, 가치 있는 것들은 무엇이 있을까요? 많지 않을지도 모릅니다. 종종 그 자체로 선택할 만한 것들은 행복이라는 일반적인 말로 한데 묶입니다. 행복은 정원 가꾸기, 교향곡 감상, 등산, 친구들과 나누는 이야기에 이르기까지 다양한 활동에서 발생하는 수많은 기쁨을 포함합니다. 어쩌면 행복은 너무 많은 다른 것을 포괄할 수 있어서 오히려 오해의 소지가 있는 용어일지도 모릅니다. 그래서 가치 있는 것이 여럿 있을 때 이것 중 하나만 가치 있다고 생각하는 문제가 생길 때도 있습니다. 사실상 선한 것들, 가치 있는 모든 것들에 대한 완벽한 목록을 작성하는 것은 불가능합니다. 그러나 그럼에도 우리는 본질적으로 선하고, 가치 있는 것들을 선택할 수는 있습니다.

우선 '지식'knowledge에 관해 생각해 봅시다. 여기서 말하는 지식이란 단순히 많은 사실에 관한 앎이 아닙니다. 지식은 사람과 장소를 알아차리고 경험하며 그들이 무엇인지 점점 이해가 깊어짐으로써 얻게 되는 기쁨과 친근한 감정까지를 아우릅니다. 사물이 지닌 독특함을 살펴 민감하게 이해하고 사물에 대한 실제 인식을 넓히는 지식은 '가장 위대한 선'very great good이라고 할 수 있습니다. 아리스토텔레스Aristotle는 사물의 원인을 이해하고 아름다움을 깨닫는 것, 이 두 행위를 포함하는 지식 탐구가 모든 선 중 가장 위대하다고 생각했습니다. 어쩌면 많은 이는 이를 너무 정교하고 지적인 생각이라고 여길지도 모르겠습니다. 그러나 지식이 본질적으로 선하다는 사실을 부정할 수는 없습니다. 지식은 그 자체로 선택할 만한 가치가 있습니다.

또 본질적으로 선한 것으로 '창조 활동'creative activity을 들 수 있습니다. 여기서 창조 활동이란 특별하고 거대한 활동이 아니라 우리가 가진 기술과 개성을 담아낸 무언가를 만드는 일을 뜻합니다. 물론 숙련된 기술과 강한 개성이 엮일 때만 빼어난 예술 작품이 나올 수 있습니다. 그러나 사람은 모두 무언가를 만들어낼 수 있습니다. 그리고 물건을 생산해내는 능력과 기술을 연마하는 것 또한 그 자체로 가치가 있습니다. 무엇을 선택하든 스스로 결정해 자유롭게 할 수 있는 능력, 실행에 옮길 수 있는 계획과 사업 기획을 세우는 일, 우리 자신과 우리가 사는 세계의 미래를 만들어 나가는 일, 이 모든 일은 이성적 존재라면 선택할 수 있는 선善입니다.

모든 가치 중에 가장 깊이 있고 대부분 사람이 호응하는 선은 '사랑'love입니다. 여기서 사랑은 '사랑에 빠진다'고 할 때 쓰는, 어떤 뜨거운 감정을 말하는 것이 아닙니다(물론 그 느낌은 분명 짜릿하지만 말이지요). 또한 여기서 말하는 사랑은 자신과 전혀 관련 없는 사람들에게 아무런 감정 없이 베푸는 선행도 아닙니다. 여기서 말하는 사랑은 다른 이의 삶과 밀접하게 얽혀 함께 하는 일을 뜻합니다. 타인의 슬픔에 공감해 같이 울고, 그들의 행복과 기쁨을 다 함께 누리며, 다른 이의 성장을 관심 있게 돌보고 함께할 때 얻는 기쁨만큼 어려움에 처한 이들을 도와야겠다는 책임을 스스로에게 지우는 것 말이지요. 친구 사이에 서로 돕는 일보다 더 큰 선은 없습니다. 그리고 운 좋게 우리가 누군가와 이러한 사랑의 관계를 맺고 있다면 우리는 틀림없이 이것이야말로 인간이 할 수 있는 경험 중에 가장 의미 있고 심오한 경험이라고 여길 것입니다.

정말 가치 있고, 할 만하다고 느끼는, 그것 자체로 선택하도록 사람들을 이끄는 게 무엇일까, 즉 우리가 가장 의미 있다고 여기는 게 무엇일까 생각해 본다면 앞서 살핀 행복, 지

식, 창조 활동, 사랑 이 네 가지 주제 중 하나를 선택하게 될
것입니다. 이 가치들은 인간 삶을 풍요롭게 하며 우리를 좀
더 인간답게 해주고 성취감을 느끼게 합니다. 누군가는 이
네 가지 항목에 '덕'virtue을 더해야 한다고 생각할지도 모르겠
습니다. 덕은 인간이 어려움과 유혹에 직면했을 때에도 그
자체로 옳은 일을 행하는, 인간 외 다른 동물에게서는 찾아
볼 수 없는 능력입니다. 분명 덕, 도덕성은 인간 삶을 특징짓
는 것 중 하나입니다. 우리가 더 인간다워지기 위해서는 좀
더 도덕적으로 사는 법, 개인적으로 어떤 희생을 감내하더라
도 정의롭고 정직하며 진실하게 사는 법을 익혀야 합니다.
하지만 덕이 이와 같다면 도덕성은 그것을 행하는 모든 이의
행복과 지식, 창조적 자유를 가능케 하는 것임을 알 수 있습
니다. 이와 유사하게 정의는 이러한 목표(행복과 지식, 창조적
자유, 사랑)를 모든 사람이 할 수 있도록 이익과 불이익을 공
평하게 배분하는 일과 관련되어 있습니다. 또한 지식이 성장
하기 위해서는 '정직함'이 필요합니다. 사랑은 '진실함'을 수
반합니다. 그러므로 덕은 엄밀하게는 개인 이익과 관계없이,
오직 그것 자체만을 위해 인간 삶의 네 가지 가치 있는 목표
를 자유롭게 추구할 수 있게 해주는 바탕이라고 할 수 있겠
습니다. 우리는 행복, 지식, 창조 활동, 사랑을 풍성하게 하

는 일이라면 어떠한 일이든 상관없이 해야 합니다. 그것이 우리의 목적입니다. 자리에 앉아 깊이 생각해보면, 이 네 가지 목적이 실제로 가치 있다는 사실을 우리는 깨닫게 됩니다. 이 네 가지는 그 자체로 선택할 만한 가치들이기에 '본질적 가치'intrinsic values라고 불립니다.

우리가 무언가 가치 있다고 말할 때 이는 사람들이 이것들을 선호한다는 뜻만을 갖고 있지 않습니다. 그것들은 선택할 만하며 그 누구도 강요받지 않았지만 이를 추구할 만큼 그 자체로 값어치가 있음을 뜻합니다. 인간뿐만 아니라 외계 생명체, 자연을 초월한 존재라도 이 가치들은 선택할 만합니다. 특별히 인간은 이 가치들을 선택하기 곤란하거나, 선택을 방해하는 많은 유혹을 받는다 하더라도 이 가치를 자유롭게 선택할 수 있습니다. 우리에게는 도덕적 자유가 있습니다. 이는 우리가 이 가치들을 반드시 선택해야만 하는 것은 아님을 뜻합니다. 우리는 원한다면 불행, 무지, 게으름, 이기심을 선택할 수 있습니다. 그리고 대부분의 사람은 실제로 어느 정도 그렇게 합니다. 이를 두고 그리스도교인들은 이 세상이 "죄 가운데" 있다고 말합니다. 많은 경우 사람들은 실제로 가치 있는 것을 선택하는 데 실패합니다.

사람들은 대개 소중한 가치를 더 배우기보다는 성가신 상황을 마주하지 않고 싶어 합니다. 창조 활동을 하거나 다른 이를 돕기보다는 그저 대접받으며 삶을 수동적으로 즐기고 싶어합니다. 그럼에도 우리는 행복, 지식, 창조성, 사랑이 가치 있음을 잘 알고 있습니다. 스스로에게 물어보십시오.

행복과 슬픔 중 무엇이 나은가?
지식과 무지 중 무엇이 나은가?
자유와 굴종 중 무엇이 나은가?
협력과 반목 중 무엇이 나은가?

절대다수는 행복, 지식, 자유, 사랑을 택할 것입니다. 때로 우리가 이 가치들을 선택하지 않는 이유는 선택에 너무 많은 문제가 뒤따르거나, 이론상으로는 더 나은 선택이 실제로 개인에게는 너무 많은 대가를 요구하기 때문입니다. 우리는 "모르는 게 약"이라고 말할 수도 있습니다. 또는 "나는 시키는 대로 하면 되는 아랫사람이니까 굳이 어려운 결정을 내릴 필요 없다", "지금 내 모습 그대로 유지하는 데서 만족한다"라고 말할 수도 있습니다. 인류는 이러한 상황을 너무나 자주 접해왔습니다.

그러나 지금 우리가 관심하는 질문은 '왜 도덕적이어야

하는가?'가 아니라 '우주에 목적이 있는가?'임을 잊지 맙시다. 이 질문에 답하기 위해서는 변화하는 이 우주가 지향해야 할 가치가 있는지를 물어야 합니다. 이를 위해서는 가치 있는 상태라는 것이 정말로 있는지, 만약 있다면 '가치 있는 상태'가 무엇인지를 결정해야 할 것입니다. 결정했다면 그 상태는 그 자체로 가치 있는지, 명확하고 분명하게 목표로 삼을 만한 가치인지를 또 물어야 할 것입니다. 지금까지의 이야기를 살펴보았다면 여러분은 이러한 상태가 존재한다는 사실을 알았을 것입니다. 행복과 지식, 창조적 자유와 사랑을 깨달은 존재들이 함께 만들어가는 공동체가 이런 상태를 실현하리라고 우리는 희망할 수 있습니다. 이때 '존재들'은 꼭 인간이 아닐 수도 있고 다양한 형태를 가질 수도 있습니다. 그럼에도 그런 공동체가 있다면 우리는 그들 삶의 형태가 가치 있음을 분명하게 알 것입니다. 그들을 존경하고, 우리 삶 역시 그들의 삶처럼 되기를 바랄 것입니다.

이는 신인동형론적 편견anthropomorphic prejudice이 아닙니다. 인간 삶이 근본적으로 가치 있다는 것은 어리석고 교만한 생각이 아닙니다. 이성적 존재가 행복과 지식, 창조와 사랑을 통해 성장하고 발전하는 일은 그 자체로 가치 있는 일입니다. 앞서 이 네 가지를 '본질적 가치'라 부른 바 있습니다. 이 가치를 추구하는 존재가 어떤 모습을 하고 있는지는 중요하지 않습니다. 그들이 모인 사회가 어떠한 형태를 하고 있는지도 그리 중요하지 않습니다. 그들은 우리의 상상을 뛰어넘는 낯선 존재일지도 모릅니다. 그러나 그들이 '본질적 가치'를 목표로 삼을 수 있다면, 그들은 인간 삶과 매우 중요한 요소를 공유하고 있는 것입니다. 무엇을 통해서든 우리가 그 자체로 가치 있는 어떤 목표를 볼 수 있다면, 우리는 우주 전체가 이 가치를 향하고 있는지, 그렇지 않은지를 물을 수 있습니다.

가치 있는 목표를 향한 움직임을 가장 잘 설명할 수 있을 때 우리는 그 과정을 '합목적적'合目的的이라고 부릅니다. 어떤 과정이 어떤 가치도 만들지 못하거나, 그 가치를 실현하는 것처럼 보이지 않는다면, 우리는 그것을 '합목적적'이라고 부르지 않을 것입니다. 우주가 전개되고 있는 과정이 가치를 실현하는 것처럼 보인다면 우주는 합목적적이라고 말할 수 있습니다. 이는 우주를 이루는 법칙이 본질적 가치들을 선택할 수 있고 실현할 수 있는 자유롭고 이성적인 존재를 통해 관철되어야 함을 뜻합니다.

가치가 과정의 끝자락에만 위치해야 하는 건 아닙니다. 가치는 정적靜的일 필요가 없습니다. 가치를 실현하는 과정 자체가 가치일 수 있습니다. 등산을 예로 들어볼까요. 산을 오르는 행동의 가치는 꼭 산 정상에 올라야만 있는 것은 아닙니다. 산 정상에 올라야만 가치가 있다면 걸어서 올라가는 것보다는 헬리콥터를 타고 올라가는 게 낫겠지요. 하지만 우리는 헬리콥터를 타고 산 정상에 오르는 것을 등산이라고, 등산에 걸맞은 가치가 있다고 보지는 않습니다. 이때 가치 있는 건 산을 걸어서 올라가는 행위 그 자체입니다. 단순한 예지만 이를 통해 우리는 어떤 과정이나 행위도 가치를 가질 수 있음을 알 수 있습니다. 이를 이성적 존재의 활동에 적용해 본다면 가치를 실현해가는 이성적 존재의 활동 또한 그 자체로 가치가 있다고 볼 수 있습니다. 유혹이나 반대를 무릅쓰고 활동을 멈추지 않는 것을 우리는 바로 '덕'이라고 부릅니다. 우주의 합목적성은 의식을 가진 존재가 자유롭게 덕을 추구하면서 행복을 발견할 때 드러납니다.

우주를 이렇게 생각한다면 인간 존재가 우주가 지향하는 목적의 일부일지도 모른다고 말하는 것은 불합리하지 않습니다. 이 맥락에서 인간이 전체 우주와 견주어 봤을 때 그 크기가 지극히 작다는 점은 별다른 문제가 되지 않습니다. 우주가 목적을 지니고 있다면 이 우주는 자신의 활동으로 행복을 추구하는 이성적 존재에 기대어 있습니다. 이는 우주에서 살아가는 인간의 모습과 비슷해 보입니다. 우주가 진화하는 전 과정은 지식, 창조성, 우정의 발전에서 행복을 발견하는 인간 사회를 빚어냈습니다. 이러한 방식으로 우주가 자신의 목적을 표현한다고 이야기하는 것은 충분한 타당성이 있습니다.

진화의 목표

어떤 이들은 현대 과학이 우주에는 목적이 없음을 밝혀냈다고 주장합니다. 모든 일은 맹목적인 필연성이나 순수한 우연에 의해 일어날 뿐이라고 말이지요. 그러나 이는 사실이 아닙니다. 현대 과학에서 가장 중요한 발견이라 할 수 있는 진화론은 우주가 목적에 들어맞게 움직인다는 것이 무엇을 뜻하는지에 대해 깊고 명확한 통찰을 전합니다. 우리는 '진화'라고 하면 상황에 따라 자연스럽게 변하는 몇 가지 간단한 요소들, 단순한 입자들과 그들의 상호작용을 지배하는 법칙에서 나타나는 발전을 떠올립니다. 무기질에서 유기 생명체organic가 나타나고, 이 생명체는 스스로를 유지하는 자기 보존적 삶self-sustaining life을 살며 궁극적으로 인간에게서 발견되는 자기 주도적, 의식적 생명이 됩니다. 이렇듯 진화는 이전에는 우주에 존재하지 않았던 새로운 질적 특성들의 발전이라고 볼 수 있으며, 이 진화는 우주가 목적에 들어맞는 방향으로 나아가고 있음을 보여주는 듯합니다. 목적을 전제하지 않으면 자연 과정에서 의식적인 생명이 출현한 일을 설명하기란 매우 어렵습니다.

이때 목적은 세계 '밖'에 있는 신이 우주에 자연스럽지 않은 어떤 것을 만들기 위해 끊임없이 간섭하는 것이 아닙니다. 앞에서 이야기한 것을 이어서 말하면 '밖'에서 무언가를 강요하는 신 그림은 잘못된 그림입니다. 우주는 그 자체 구조 안에 합목적성을 갖고 있습니다. 우주는 의식과 가치라는 목표를 향해 나아가는 것처럼 보입니다. 이 목적은 진화 자체의 내적 방향과도 일치합니다. 우주가 존재했던 첫 순간부터 목적은 있었고 시간이 흐르며 점차 펼쳐져 더 복잡하고 가치 있는 새로운 특성들을 만들어냅니다.

물론 많은 진화생물학자는 동물의 진화를 임의로 일어난 돌연변이에 의해 발생하는 목적이 배제된 과정으로 이해합니다. 어떤 표본이 다른 표본보다 별다른 이유 없이 더 잘 살아남았기 때문입니다. 그러나 진화론은 그 자체로 진화 과정에 목적이 없음을 증명하기 어렵습니다. 새로이 출현한 돌연변이에는 임의성을 넘어서는 무언가가 있을 수 있습니다. 진화의 과정에서 어떤 종은 살아남고 어떤 종은 사라진 일은 단순한 우연을 넘어서는 일일지도 모릅니다. 달리 말하면, 우리가 어디에서, 어떻게 작용하고 무슨 작용인지를 정확하게 짚어낼 수 없고, 확실하게 그 존재 여부를 증명할 수는 없지만, 진화 과정을 안내하고 인도하는 영향력이 존재하고 있다고 우리는 생각해볼 수 있습니다. 우리는 지구상의 동물들이 진화한 것과 마찬가지로, 우주가 시작했을 때부터 지구가 진화하는 전체 과정을 살펴서 지구가 임의로 움직이는지 아니면 목적에 들어맞도록, 목적을 향하도록 움직이는지 질문해야 합니다. 어느 쪽이든 결정적인 증거는 없지만 지금까지 일어난 일들은 어떤 목적을 향하는 과정을 전제했을 때만 이해할 수 있습니다. 임의로 일어나고 진행된 과정이 목적이 있는 듯, 목적을 지향해 가는 듯 보인다면 오히려 그것이 이상한 일 아닐까요?

진화론은 우주 전체를 발전하고 진화하는 장치로 보는 시각을 제공했습니다. 진화론은 우리 세계관을 변화시킨 가장 중대한 현대 과학의 성과이기도 합니다. 성서를 쓴 이들은 진화론이 전한 관점을 생각할 수 없었습니다. 예수 시대에 사람들은 어느 순간 세상이 끝날 거라 기대했고, 자연 질서를 초월한 신의 개입으로 신의 목적이 실현되기를 바라고 있었습니다. 그들은 이 외에 다른 방법을 떠올리지 못했습니다. 그러나 우리는 지금 수 천 년, 심지어 수백만 년을 관통하는 관점을 갖고 있습니다. 우리는 이를 통해 신의 나라를 진화의 최종 목표인 사랑과 지식, 창조적 협력, 우정이 성장해 성취된 사회로 이해할 수 있게 되었습니다. 우리는 과학 이전에 그려진 인류의 그림이 더는 적절하지 않음을 인정해야 합니다. 인류가 몇 천 년 전에 에덴동산에서 완벽하게 창조되었고, 갑자기 죄에 빠졌으며 그렇게 만들어진 악한 세상이 급작스럽게 종말을 맞는 그림말입니다. 그 대신에 우리는 자연 과정을 통해 무기물로부터 이성적 의식을 지닌 생명체로 느리게 발전한 과학의 그림을 채택해야 합니다. 인류가 사랑과 우정뿐만 아니라 욕망과 공격성에 의해 살아남고 진화했다는 그림, 더 나아가 신이 정해 놓은 목표를 향해 인류가 나아가는 그림, 즉 신이 창조한 인류의 자유로운 활동으로 선이 실현되는 새로운 그림을 받아들여야 합니다.

진화론이 전한 관점으로 그린 그림을 채택하는 일은 신의 목적에 대한 생각에 새로운 생명과 감각을 부여합니다. 신의 목적은 세계가 움직이는 과정 자체에 내재된 방향이며, 우리에게 책임을 지라고 요구하며 진화하는 과정이자, 그 과정이 가리키는 종착지입니다. 신의 목적은 외부 존재에 의해 임의로 이 세계에 부과된 계획이 아니라 세계 자체의 내적 방향이며 목표입니다.

신에 대해서는 여러 방식으로 말할 수 있으며 시대마다 철학자와 신학자들은 각자 나름대로 복잡하게 신 개념을 발전시켜 왔습니다. 이 책에서는 여러 전통에서 널리 받아들이고 있는 신에 대한 기본적인 생각을 보여주려 했습니다. 특히 우주에 대한 궁극적이며 합리적인 설명으로서, 우주와 인간 존재에 도덕적인 목표를 부여하는 실재로서의 신 개념을 집중적으로 다루었습니다. 그러나 결국 가장 중요한 것은 수백만 명의 사람들이 유한한 사물과 사건을 통해 무한하고 영원한 실재가 드러남을 이미 경험했고, 지금 경험하고 앞으로 경험할 것이라는 점입니다. 윌리엄 블레이크는 이를 극적으로 표현했습니다.

한 알의 모래에서 세계를 보고,

한 송이 들꽃에서 하늘을 보네.

너의 손바닥으로 무한을 쥐고,

찰나의 순간에 영원을 담는다.*

_____

   *   윌리엄 블레이크의 「순수의 전조」Auguries of Innocence 中

이 말들에 어떤 의미가 담겨 있는지 깨닫는다면 당신은 이미 신이 우리에게 어떠한 의미가 있는지를 묻고 있다고 할 수 있습니다.

'신'을 말한다는 것에 대하여

"아직까지 하느님을 본 사람은 없습니다. …" (1요한 4:12)

"말할 수 없는 것에 관해서는 침묵하지 않으면 안 된다."

Whereof one cannot speak, thereof one must be silent (비트겐슈타인)

"도를 말할 수 있다면, 늘 그러한 도가 아니다."

道, 可道, 非常道 (노자)

신에 대해 말한다는 것

키스 워드는 『신 - 우주와 인류의 궁극적 의미』에서 그리스도교의 여러 전통에서 널리 받아들이고 있는 신에 대한 기본적인 생각을 풀어낸다. 그는 신을 천상의 보좌에 앉아 있는 수염 달린 노인으로 보는 신인동형론적anthropomorphistic 관념이나 우주와 동일시하는 범신론적pantheistic 사유를 배제하면서 모든 존재하는 것들의 궁극적 원인이며 합리적 설명이자, 유한한 존재들을 통해 자신을 드러내고 자신의 목적을 이루어 가는 무한자로 그려낸다. 신은 우주와 인류에게 도덕적 목표를 부여해 주는 실재이기에 우주와 인류는 신을 통해서 자신들이 어떤 모습을 지향하며 나아가야 더욱 참되고 선하며 아름다운지 알 수 있다고 그는 말한다. 즉 신은 행복, 창조적 자유, 지식과 지혜, 사랑과 같은 가치 있는 삶을 추동하는 근원적 힘이다. 키스 워드의 논의를 충실히 따라간다면 그리스도교인들은 그동안 자신이 인간의 욕망이나 유한한 사유라는 잘못된 토대 위에 신을 믿어 온 것은 아닌지를 성찰할 수 있을 것이다. 또한 이 책은 비종교인들에게 실증주의적이고 유물론적이고 공리주의적인 세상의 분위기에서 새삼 '신'이 주는 의미가 무엇인지 생각해 보는 계기를 마련해 줄 것이다.

모든 인간은 종교적 인간Homo Religiosus으로서 찰나의 순간에 언뜻 스치는 영원을 느끼며 살아간다. 살다 보면 문득 몇 마디 말로 선뜻 대답하기 어려운 의문들이 떠오르고, 이전에 그냥 지나치던 모든 것이 큰 의심으로 다가올 때가 있다. "왜

사는가?" "왜 죽어야 하는가?" "죽음 이후의 삶은 무엇인가?" "나 자신의 궁극적 고향은 어디인가?" "우리는 도대체 어디에서 와서 어디로 가는가?" "나는 누구인가?" "왜 남들에게 잘해 주어야 하는가?" 그럴 때 많은 신앙인은 그 궁극적 대답을 신에게서 찾았다. "그렇다면 신은 누구이며 어떤 분이신가?" 이런 질문들에서 신학이라는 학문이 탄생했다.

신학神學, Theology은 무엇보다 '신Theos에 관한 이야기'다. 그런데 신학은 다른 학문과는 달리 신의 본성인 무한성과 인간의 언어가 지닌 한계로 인해 엄밀한 학문Science의 위치를 점할 수 없을 만큼 불완전하고 모호하다. 어떤 면에서 신에 관한 이야기로서의 신학은 불가능하다고 말할 수밖에 없다. 신은 영원한 신비이기 때문이다. 게다가 인간이 겪는 신 부재라는 현실의 고통은 신학의 불가능함을 넘어 무의미함을 부채질한다. 비트겐슈타인의 말처럼 말할 수 없는 것에 대해서는 침묵해야 하는지도 모른다. 그럼에도 불구하고 오늘날에도 수많은 종교인이 신을 말하고, 기도하고, 찬양하고, 신의 아들딸로 살기를 추구하며 심지어 신의 이름으로 죽음도 불사하고 있다.

그렇다면 오늘날 우리는 신을 어떻게 말해야 하는가? 지은이도 계속 강조하고 있듯이, 신을 '있는 그대로' 설명할 수 있는 언어는 존재하지 않는다. 눈에 보이는 것을 세밀하게 직접적으로 서술하는 산문 언어가 아니라, 사물을 대하면서 느끼는 독특한 감성을 다루는 시적 언어로 신을 그려낸다 해도 그 그림이 곧 신은 아니다. 그것은 단지 신을 가리키는 손가락일 뿐이다. 과거에는 '신에 대한 인간의 언어'를 '신 자신의 언어'로 착각하던 때가 있었다. 지금도 여전히 많은 이는 그렇게 생각한다. "신을 믿는다"라는 고백을 할 때, 그때의 신은 대체로 자신이 겪은 특별한 체험을 통해서 느꼈던, 그것도 주로 자신에게 도움이 되었던 신임에도 불구하고 마치 '있는 그대로의 신'을 믿는 것처럼 착각한다. 우물 안 개구리처럼 자신이 들어앉아 있는 우물을 통해서만 저 하늘을 처다보면서 우물의 모양이 하늘의 전부인 것처럼 생각하기 쉽다는 것이다.

따라서 오늘날 신을 말하기 위해서는 무엇보다 신을 말하는 인간이 발 딛고 있는 자리에 대한 깊은 성찰이 요구된다. '신은 누구이며 무엇인가?'라는 질문은 언제, 어디서, 누가 신을 말하는가에 따라 달라지기에, 신의 본질이나 속성 그 자체를 설명하는 것만큼 그것을 그렇게 설명했던 시공간의 자리와 그렇게 말하는 인간에 대해서 생각해 보아야 한다.

초기 그리스도교 신학은 그리스 철학의 도움을 받아 그리스도교 신앙을 표현하고자 했고, 예수 그리스도의 아버지를 만물의 근원이며 스스로 움직이지 않으면서 모든 것을 움직이게 하는 자The unmoved mover와 동일 존재로 이해했다.

한편 성서에서는 신, 즉 하느님을 철학자들의 신과 달리 불변하는 존재가 아니고 자기가 하신 일을 후회하고 뉘우치는 분으로 묘사한다(창세 8:21). 즉 신을 그리는 성서의 언어는 철학의 언어와는 사뭇 다르다. 예수는 선한 사마리아 사람의 이야기를 통해, 잃은 아들을 기다리는 아버지 이야기를 통해 하느님이라는 말을 한마디도 하지 않으면서도 하느님을 이야기하는 다른 방식을 보여주고 있다. 그는 들판에 핀 꽃과 하늘의 새를 바라보는 것(마태 6:26, 28)만으로도 충분히 하느님을 알고 느낄 수 있다고 말하며, 가장 작은 사람들을 대하는 행동 양식(마르 10:13~16), 주리고 목마르고 감옥에 갇힌 자를 찾아가는 손길에서 표현되는 어떤 삶의 양식(마태 25:31~46)이 하느님을 드러낸다고 말한다.

성서가 그리는 신 이야기에서 '이야기'란 논리적 언어로 논증하는 학學이 아니다. 이는 인간의 어떤 체험을 가리키는 상징의 이야기이다. 그리고 표현과 초청의 언어를 삭제하면 남는 것은 체험 그 자체다. 물론 그리스도교 신학의 근저에 깔려 있는 체험은 그리 단순하지 않다. 예수는 말했다.

잘 들어라. 그들이 입을 다물면 돌들이 소리 지를 것이다.

(루가 19:40)

육중한 체험은 사람을 가만두지 않는다. 소리 지르게 만든다. 이 소리는 아직도 그치지 않았으며 메아리처럼 끊임없이 울려 퍼지고 있다. 소리는 메아리처럼 계속 울려 나간다. 신에 관한 이야기로서의 신학은 이런 울림의 모습과 성격을 묘사하는 하나의 방편이다. 그러므로 오늘날 신을 말하기 위해서는 자신이 하는 말이 신 자체에 대한 말일 수 없고, 자신이 할 수 있는 건 오직 신을 가리킬 뿐이라는 역할을 깨달으면서도 그 가리키는 방향이 틀리지 않게끔 성찰해야 한다. 즉 기존의 언어를 성찰하고 그 방향을 모색해야 하는 것이다.

그렇다면 과학 문명의 시대인 오늘날 다시 '신'은 어떻게 이해할 수 있는가? 그리고 신을 말한다는 것은 무엇을 뜻하는가? 신은 존재하는가? 존재한다면 어떤 방식으로 존재하는가?

궁극의 원인이자 우주의 합리적 설명으로서의 신

키스 워드는 우선 신을 인간의 형상을 투사한 존재로 생각하는 것을 거부해야 한다고 말한다. 하늘 보좌에 앉아 이 세계를 내려 보다가, 가끔 기적을 일으키는 분으로 이해하는 것은 초보적인 신 이해이며 신의 본 모습을 왜곡시키는 대표적인 사례다. 동시에 신을 하나의 어떤 존재자로 생각해서도 안 된다. 신은 모든 사물을 존재하게 하는 그 바탕이기 때문이다. 무한한 신은 유한한 존재가 결코 아니다. 유한한 존재는 오히려 무한에 토대를 두고 있다. 이것이 신에 대해 생각하고 말할 때 가장 먼저 고려해야 할 것이다.

이어서 워드는 신을 말하는 종교인들이 사물을 바라보는 독특한 태도와 특정한 질문에 대해 말한다. "이 사물을 존재하게 하는 것은 무엇인가? 이 사물은 만물의 근원인 실재에 대해 무엇을 표현하는가? 세계의 근원적인 속성에 대해 이 사물은 무엇을 말하는가?" 신을 믿는 종교인들은 이 세상 이면에 세상의 근원인 무언가가 있다고 전제하고, 시공간에 자리한 유한한 실체들 뒤에는 무한한 실재가 있으며, 무한한 실재는 참되고 모든 유한한 존재의 근원이자 기원이며 유한한 모든 것을 지탱하는 기초로서 유한한 사물들을 통해 자신을 드러낸다고 말한다. 키스 워드는 이런 믿음에 근거하여 신은 이 세상의 궁극적 원인이자 궁극적인 설명이라 말한다.

형이상학에 기초를 둔 신학에서 말하는 신은 모든 변화에도 불구하고 이를 관통해 내는 불변하고 영원한 그 무엇을 가리키는 것이었다. 따라서 신을 설명하고자 하는 모든 사유는 눈앞에서 벌어지고 있는 것 그 자체에 초점을 맞추기보다는 이를 넘어 그렇게 벌어지도록 만든 배후의 뿌리로 거슬러 이를 캐려는 방향을 지닌다. 근원에 대한 탐구는 존재하는 모든 것의 법칙성을 규명하거나 설정할 수 있는 근거로서의 의미를 지닐 뿐 아니라 이에 힘입어 자연에서 벌어지는 온갖 우연적인 사건들에서 벗어나 예측 가능한 이성적 우주, 자연적 질서를 그려냄으로써 불안을 극복하고 안전을 추구할 수 있는 터전들을 마련하였기에 더욱 선호되었다.*

지금 눈앞에서 벌어지는 것을 넘어 배후의 뿌리로 거슬러가는 사유방식은 플라톤 사상과 그리스도교가 공유하는 방식이다. 그리스도교나 플라톤 사상 모두 이 세계는 인간의 본향이 아니고 인간은 이 세계에서 충만하게 성취할 수 없는 운명을 지니고 있으며, 인간의 삶은 이 세계로부터 궁극적 실재를 향해 가는 여행이라고 여겼다. 즉 보고 느낄 수 있는 현상들은 모두 보이거나 느낄 수 없는 비감각적이고 추상적 원리로 실재하는 이데아의 세계에 의존하고 있고, 인간의 행복이나 복지는 그러한 세계에서 찾아야 한다는 것이다.** 플

* 정재현, 『신학은 인간학이다』(분도출판사, 2003), 49~50.

** 디오게네스 알렌, 『신학을 이해하기 위한 철학』(대한기독교서회, 2003), 71.

라톤이 상정한 비감각적 실재계라는 독특한 사유는 눈에 보이는 것만을 인정하던 관점을 변화시키는 데 지대한 영향을 끼쳤고, 창조주와 피조물의 존재론적 차이를 부각하면서 눈에 보이지 않는 실재를 설정해야만 했던 그리스도교의 신학 형성에 지대한 영향을 주었다. 비감각적 실재를 상정할 수 없었던 폐쇄적이고 다소 편협한 관점을 극복하는데 플라톤주의자들은 큰 기여를 했다. 보이지 않는 신을 전해야 했던 그리스도교의 변증적 상황에서 플라톤의 사유는 필수 불가결했다.

그러나 신을 현실 세계 배후의 존재로 그리려는 시도 특히 감각적인 현상계를 실재계로 인정하지 않고 비감각적 어떤 세계를 실재계로 규정하면서 거기가 참이라는 사유는 궁극적으로 신과 세계, 창조주와 피조물, 무한자와 유한한 사물들을 이분법적으로 구별하고 이원적으로 분리하는 쪽으로 귀결되기 쉽다. 그리고 신의 초월성 강조는 하느님을 인간/자연 세계와는 분리해 만물의 신성성을 박탈하는 결과를 가져왔으며, 신을 자연 밖에서 자연을 움직이거나 자연에 개입하는 초자연적 존재로만 간주함으로써, 자연 이외에 어떤 존재도 인정하지 않으려는 근대 과학적 자연주의 세계관과 정면으로 충돌해 서구 세계에 본격적인 '무신론'이 등장하는 터전을 만들었다.

키스 워드는 이런 문제점들을 잘 알고 있기 때문에 신이 한편으로는 언어로 묘사되거나 표현될 수 없고, 세계 밖의 영적 존재자처럼 인식되어서는 안 된다는 사실을 강조하면서도, 그 무한한 실재가 유한한 사물들을 통하여 자신을 드러낸다고 끊임없이 강조한다. 즉 초월자이자 무한한 실재는 유한한 사물을 포함할 뿐만 아니라 그 유한한 사물은 무한한 실재의 한 표현이라는 것이다. 동시에 과학과 종교가 대립한다고 생각하는 이들에게 모든 현상을 원인과 관계로 설명하고자 하는 과학의 기본적인 전제에서도 궁극적 설명이자 원인으로서의 신은 여전히 유의미한 설정임을 보여준다. 이 우주 세계가 전혀 예측할 수 없는 우연에 의해서 생성 발전 운행되는 것이 아니고, 일정한 원리와 질서 안에서 발전하는 것이라면 그 모든 것을 가능하게 하는 이성적 의식으로서의 실재인 신이 반드시 요청된다는 것이 과학의 관점이나 종교의 관점에서 모두 타당한 결론이라는 것이다.

생명의 신비와 참된 가치로서의 신 그리고 신앙인들

키스 워드는 신을 존재의 궁극적 원인이자 합리적 설명으로 서술하는 것에서 한 걸음 더 나아가 특별히 우주와 인류가 함께 추구해야 할 목적과 가치를 제시하는 존재로 그리고 있다. 신을 인간처럼 생각하는 것은 매우 큰 오해를 불러일으키지만 그렇다고 해서 신이 인간과 무관할 수는 없다.

종교는 기본적으로 자기보존 본능이라는 인간의 원초적 욕망을 충족시키기 위한 문화체계로 태동했다. 인간은 불가역적 사태인 죽음을 겪으면서, 동시에 죽은 자와는 소통할 수 없음을 깨달으면서 인간의 유한성을 실감한다. 유한성에 대한 자각은 유한성을 넘어서는 무한자에로의 희구로 이어졌고, 따라서 영생을 추구하는 종교가 발생했다.* 이에 관해서는 여러 논의가 있지만 분명한 건 역사에서 종교의 발생과 신에 대한 믿음은 인간의 경험에서 시작되었으며 종교사는 인간이 없으면 신에 관한 이야기도 무의미하다는 사실을 분명하게 증언하고 있다. 따라서 오늘날 신을 말하는 것의 의미는 궁극적으로 인간의 종교적 욕망이 인간을 억압하거나 무의미에 빠뜨리지 않고, 인간을 해방하고 인간에게 참된 삶의 가치를 제공하느냐에 따라 결정될 것이다.

이를 의식하며 키스 워드는 인류가 지향해야 할 보편적 가치로 행복, 창조성, 지식, 사랑을 언급하면서, 우주는 의식

---

* 정재현, 『신학은 인간학이다』 (분도출판사, 2003), 19.

있는 존재가 이러한 가치들을 생성하고 이끌어가는 무대이며, 신의 목적은 바로 이런 가치들을 실현하는 것이라고 주장한다. 진화의 관점에서 보면 우주는 물질에서 생명이, 생명에서 의식이, 그리고 의식을 통해 시대정신들이 발생하는 과정을 거쳐 왔다. 이 모든 것이 그저 우연에서 비롯되었다고 말하기는 매우 어렵다. 우주의 진화 과정을 보면 우주 전체를 이끌어가는 의식 있는 존재가 있는 편이 자연스럽다.

의식적 존재로서의 신은 물질계와 생명계, 정신계 모두를 아우르는 자리에서 현현한다. 만물이 그에게서 나고, 그를 통해서 있고, 그를 향하여 있다는 로마인들에게 보낸 편지 11장 36절이나, 우리는 하느님 안에서 살고, 움직이고, 존재한다는 사도행전 17장 28절은 신이 인간의 유한한 정신의 반대편에 있는 초정신으로 외부로부터 이 세계에 개입하는 초자연적 존재가 아니라 만물을 생성하고 만물과 더불어 움직이는 내재적 힘임을 나타내고 있다.

신이 물질과 생명, 정신의 모든 관계망과 그것들과의 상호 소통 과정을 통해서 드러나는 것이라면, 개인의 무한한 욕망 추구나 영원한 안정보장으로서의 종교적 욕구 또한 신이 드러나는 자리를 배려하고 고려하는 방식이 되어야 한다. 자기 보존 본능은 모든 살아 있는 것들의 생존 방식이다. 이

것이 그 자체로는 아무런 문제가 되지 않는다. 욕망이 문제가 될 경우는 타자라 불릴 수 있는 나 외의 다른 물질, 생명, 정신에게 피해를 줄 때이다. 물질, 생명, 정신의 모든 관계망을 고려한다는 것은 다시 한번 신을 말하는 인간의 자리에 대한 구체적인 분석을 요구하는 것이다.

존재하는 모든 사물과 사건 속에서 신을 느끼고 그의 계시를 살핀다는 것은 신앙인들로 하여금 세계의 모든 일에 관심하도록 한다. 또한 모험과 도전 속에서 신을 경험하도록 한다. 존재하는 모든 것과 일어나는 모든 사건에 신이 관계되기 때문이다. 신의 시간은 불변하고 고정되고 절대적인 의미에서 영원한 것이 아니라 매번 그때 그 순간에서 작동하는 방식으로 영원성을 보장받는다. 날로 새롭다.

존재하는 모든 것은 서로 영향을 끼치기 때문에 어떤 사건과 행동이 신을 더 잘 드러내는지 판단할 필요가 있다. 키스 워드의 말대로 어떤 사물은 다른 사물보다 사물의 근원과 기원에 대해 더 잘 표현할 수 있다. 우리네 삶 또한 신의 표현이 되려면 우리는 훨씬 더 나은 것을 선택하고 실현하도록 애써야 한다. 다행히 우리보다 먼저 신의 뜻을 삶으로 드러낸 세계사적 개인들이 존재하고, 우리는 그 스승들을 통해 많은 것을 배울 수 있다. 이들을 좇아 우리는 우리 자신이 처한 삶의 현장에서 신을 드러내고 신의 뜻을 실현해야 한다.

키스 워드가 말한 대로 무한한 신이 이 세상의 유한한 사물과 사건을 통해 자신을 표현하는 것이라면, 세상에서 벌어지는 모든 일에 깊숙이 관여하고 성찰할수록 하느님 체험은 더욱 농밀해질 것이다. 신의 초월은 세상의 다양성과 무수한 관계 안에서 예측 불가하게 발생하는 사건들을 통해서만 체험 가능하다. 그리고 우리도 그 신의 표현 중 하나이다. 우리는 신의 수많은 표현을 체험하고 있다. 그 다양성이 나 자신보다 크고 내 뜻대로 제어할 수 없음만 깨달아도 편협한 신관으로 인한 독단과 독선, 무례의 폐해는 사라질 것이다. 신을 말할 때마다, 우리는 저 옛날 아우구스티누스가 했다는 그 물음을 다시 한번 물어야만 한다.

신이시여! 내가 당신을 사랑한다고 할 때
내가 사랑하는 것은 무엇입니까?

오, 말이란 얼마나 짧고 내 생각에 비해
얼마나 빈약한지! 내가 본 것을 '조금'
말한다는 것에도 미치지 못하는구나.

오, 영원한 빛이여, 홀로 당신 안에 있고,
홀로 깨달으며, 스스로 이해되고
또한 이해하면서 사랑하고 미소하십니다.

단테 알리기에리, 『신곡』 천국편 中

1. 『신』, 존 보커 지음, 이재만 옮김, 교유서가, 2017

역사를 통틀어 세계 각지에서 대다수 사람들은 신을 믿어
왔고 태반은 지금도 믿고 있다. 그런데 그들이 믿는 신은 누
구 또는 무엇인가? 사람들이 신을 묘사하고 신과 상호작용
하는 방식들은 워낙 천차만별이라서 비단 의견 차이로 그치
지 않고 분쟁과 전쟁으로까지 치닫곤 했다. 신은 하나인가
여럿인가? 신은 저기 위에 있는가 여기 아래에 있는가? 신
은 우주 바깥에 있는가 아니면 우주가 곧 신의 몸인가? 신에
대한 생각이 갈피를 잡지 못할 만큼 각양각색인 까닭에 신
을 소개하려는 어떤 시도든 이 물음으로 시작할 수밖에 없
다. "신은 누구 또는 무엇인가?"

성공회 사제이자 캔터베리 주교좌성당의 신학 자문, 케임브리지대학교에서 종교학을 가르쳤던 존 보커John Bowker 의 저작으로 옥스퍼드대학교에서 출판한 간략한 입문서 시리즈Very Short Introduction 중 하나다. "신이란 누구 또는 무엇인가"라는 질문에서 출발해 신 개념이 역사를 따라 어떻게 변해왔고, 각 종교 전통이 이를 어떻게 해석해 왔는지를 살피고 있다.

총 7장으로 이루어져 있으며 1장에서는 신에 관해 말하는 철학자, 신학자, 시인과 신자의 언어를 비교하며 철학자의 "신중하고 정확한 언어"와 시인의 "생생하고 묘사적인 언어"가 어떻게 다른지, 또한 어떠한 연관을 맺고 있는지, 그리고 두 언어가 모두 신에 관해 어떤 이야기를 하는지를 살핀다.

2장에서는 신을 믿는 이유에 대한 다양한 답변들을 살핀다. 고대 형이상학에서 현대 생물학에 이르기까지 무수한 이유가 있지만, 중요한 건 신을 믿는 이들이 인생과 경험에서 신의 영향력을 중시한다는 데 있다. 그리고 이를 해석하는 방법과 응답은 각 종교 특유의 의례와 신학, 실천을 통해 달리 드러난다.

3장부터 6장까지는 이른바 "아브라함의 종교들"이라 불리는 유대교, 그리스도교, 이슬람교와 "인도 종교"가 어떻게 신을 이해했으며 역사의 흐름을 따라 신이해가 어떻게 확장되고 변형되었는지를 살핀다. 마지막 장에서는 "신은 어떻게 알려질 수 있는가?"라는 핵심 물음을 살핀다.

지은이에 따르면 신은 "사람들이 어떤 궁극적이고 절대적인 실재에 대해 말하고자 할 때 사용하는 낱말"이다. "인간 지성의 영역을 넘어서는 무한한 신비"인 신은 이해를 추구하는 인간의 노력으로 완전히 포착할 수는 없다. 그러나 그럼에도 인간은 여기서 멈추기보다는 "일상생활의 낱말들"을 활용해 신을 다른 대상에 빗대고, 설명하려 노력한다. 시인과 신자들이 "기도하고 경배하면서 … 생생하고 묘사적인 언어"를 사용한다면 철학자와 신학자는 "신중하고 정확한 언어"를 사용한다. 그러나 특정한 시공간과 언어라는 한계에 매인 유한한 인간이 신을 해명하려는 시도는 잠정적이며 불완전하다. 모든 신 이해가 수정되고 변경되었고 역사를 따라 대체되거나 폐기되어왔음을 우리는 종교사를 통해 알 수 있다. 그러나 신을 해명하려는 시도가 불완전하다고 해서, 그리고 모든 신 이해가 왜곡되거나 변형된다고 해서 모든 인류가 신 존재 자체를 부정한다거나 이를 추구하는 모든 시도가 무가치하다고 볼 수는 없다. 유한한 존재인 인간은 그 자체로 자신을 창조하고, 지탱하며, 성장케 하는 것이 자기 자신이 아님을 알고 있으며 무엇이 이를 가능케 하는지를 끊임없이 물을 수밖에 없기 때문이다. 인간을 둘러싼 "우주의 아름다움, 질서, 신뢰성, 광대함", 그리고 인간의 내면에 솟구치는 "영감"은 인간이 신을 찾아 떠날 수밖에 없는 존재임을 암시한다. 이를 완벽하게 묘사하는 것이 불가능하더라도 말이다. 저자는 조언한다.

> 신은 초대이며 누구에게나 초대장을 보낸다. 그 초대를 받아들이고 싶다면 어떻게 해야 할까? 우선 기도를 하라. 기도의 시작은 단순하기 그지없다. 그저 자의로 신을 마주하고서 신을 의식하는 것이다. "당신께서 나를 살게 하십니다. 이 숨과 이 순간은 당신의 선물입니다 당신은 저를 아십니다. 제가 당신을 알도록 도우소서." 기도는 사랑의 관계이므로 나 자신을 위한 기도는 분명 나를 넘어 다른 사람들을 위한 기도와 행동으로 나아갈 것이다. 그렇다 해도 그건 출발점일 뿐이다.

신 개념의 역사성과 다양한 종교의 신 이해를 담아낸 입문서로 신에 관한 탐구를 시작할 때 묻게 되는 기본 질문과 이에 대한 답변을 수록했다. 저자뿐만 아니라 옮긴이도 이 주제에 관련해 읽어볼 만한 저서들을 소개해 놓아 출발점으로 삼기에 적절한 책이다.

2. 『신: 인문학으로 읽는 하나님과 서양문명 이야기』, 김용규 지음, IVP, 2018

어느 문명에서든 신은 종교 안에만 머물러 있지 않는다. 신은 언제나 종교 밖으로 나가 종교 아닌 것들 속으로 스며들어 간다. 세속적인 것, 일상적인 것, 문화적인 것 안으로 과감히 침투해 들어간다. 신은 사회제도와 전통 안으로, 생활 규범과 관습 안으로, 학문 안으로, 문화 속으로, 미술과 건축 안으로, 음악과 공연 속으로, 부단히 파고들어 문화와 문명의 심층을 이룬다. 서양문명이 특히 그렇다. 그래서 내 생각에는, 서양문명에 대한 이해를 그 세계가 오랫동안 숭배해 온 그리스도교의 신, 하느님에 대한 이해로부터 시작하는 것이 흔한 방법은 아닐지라도 썩 좋은 방법이다. 서양문명을 심층적으로 파악할 수 있게 할 뿐 아니라, 오늘날 우리가 당면한 문제들을 바로 보고 해결책을 마련할 기반을 제공하기 때문이다.

철학자 김용규의 신에 관한 저작. 신이 사라진 시대, 좀 더 정확하게 말하면 인간이 신의 자리에 오른 시대, 인류의 '진화', 과학기술과 문명의 발달로 어쩌면 신이 더는 불필요해 보이기까지 하는 지금, "세계화의 거센 물결을 타고 … 서양문명이 우리에게 떠넘긴 심각한 문제들"인 "가치의 몰락, 의미의 상실, 물질주의, 냉소주의" 등에 맞서 인간을 인간답게 만들어주는 가치들을 복원하기 위해 서양문명의 심층인 신 이야기를 다시금 꺼냈다. '가치의 몰락'이라는 현시대에 '가치를 되새기기' 위해서는 '오늘'에 이르게 된 과정과 '오늘'에 집중하느라 놓친 과거의 생각들을 꼼꼼히 검토해 볼 필요가 있기 때문이다.

총 5부 10장으로 이루어져 있으며 1부에서는 신과 인간의 관계에 대해, 2부에서는 창조주 신과 피조물의 속성에 대해, 3부에서는 창조의 의미와 목적에 대해, 4부에서는 섭리로 나타나는 신의 인격성과 그에 대한 인간의 태도에 대해, 5부에서는 신의 유일성과 인간의 연대성에 관해 이야기한다. 이러한 틀 아래 서양 그리스도교 신학, 그리고 서양 철학에서 개진한 신 이야기가 촘촘히 박혀 있으며 이와 연관된 시, 소설, 회화, 조각, 음악 작품들도 풍부하게 소개하고 있다. 이를 통해 저자는 그리스도교의 신, 하느님이 서양문명에 어떻게,

또 얼마나 깊숙이 침투해 있는지 드러내며 그리스도교 신학, 혹은 그리스도교적 사유 방식이 한 종교 집단의 폐쇄적인 언어가 아니라 인간이라면 마땅히 지향해야 할 가치들을 담아낸 열린 언어임을 보여준다.

> 내 생각에 이 문제("신과 그의 이름으로 언급되던 최고의 가치들이 사라지고 … 오직 탈 근대적인 이야기들, 즉 세속적인 것, 일상적인 것, 개인적인 것, 상대적인 것"에만 관심하는 현상)는 이것이냐 저것이냐 하는 방법으로 해결될 성질의 것은 아닙니다. 이것을 취하되 저것도 버리지 말아야 하지요. 요컨대 작은 이야기들도 하되, 큰 이야기도 함께 하자는 말입니다. 그래야만 큰 이야기가 동반하는 폭력성도 차단되고, 작은 이야기가 가진 맹목성도 제거되지요. 칸트의 유명한 경구를 흉내 내어 표현하자면, 작은 이야기 없는 큰 이야기는 공허하며 큰 이야기 없는 작은 이야기는 맹목이기 때문입니다. 그래서 큰 이야기와 작은 이야기들이 서로를 보완하고 견제하게 하자는 것이지요.

방대한 분량이지만 가상의 독자와 편안한 대화를 나누는 디아트리베ᵈⁱᵃᵗʳⁱᵇᵉ 형식으로 책을 저술했기에 읽기 부담스럽지는 않다. 서구사상사와 신학에 관심하는 독자들이 사상사 전체 윤곽과 흐름을 파악할 때 도움이 되는 책이다.

3. 『존재하는 신: 신의 부재는 입증되지 않는다』, 앤터니 플루 지음, 홍종락 옮김, 청림출판, 2011

> 내가 무신론을 떠나게 된 것은 어떤 새로운 현상이나 논증 때문이 아니다. 지난 20년 동안 내 사고 체계 전체는 서서히 움직였고, 그것은 내가 자연의 증거를 계속해서 평가한 결과였다. 내가 마침내 신의 존재를 인정하게 된 것은 패러다임을 바꾼 것이 아니다. 플라톤 『국가』에서 소개한 소크라테스의 원리, 즉 "논증이 이끄는 대로 어디건 따라가야 한다"가 예나 지금이나 변함없는 나의 패러다임이기 때문이다.

영국의 철학자 앤터니 플루의 저작. 지은이는 한때 "종교적 진술이 어떻게 의미 있는 주장이 될 수 있는지" 질문했고, "무소부재하고 전능한 영이라는 신 개념의 정합성이 확립되기 전에는 신의 존재에 대한 논의"는 시작될 수도 없다고 주장했다. 또 신 존재에 대한 입증 책임은 유신론자들에게 있으며, 무신론이 논의의 출발 지점이어야 한다고 설명하며 무신론을 옹호했다. 그러던 그가 2004년 우주 창조자의 존재에 대해 인정한 일은 동료 철학자와 무신론자들 사이에서 큰 반향을 일으켰다. 지은이는 자신이 이신론deism으로 '회심'했다고 설명하며 "법칙에 따르고 생명을 유지시키며 이성으로 이해할 수 있는 우주의 존재를 설득력 있게 설명"하려면 신 존재를 인정해야 한다고 말했다. 이 책은 이런 커다란 지적 전환을 겪은 이의, 일종의 지적 자서전이다.

총 2부로 이루어져 있으며 1부에서는 이런 '변화' 이전에 지은이가 무엇을 믿었으며 왜 그렇게 믿었는지를 설명하고 2부에서는 지은이가 신 존재를 발견한 과정을 설명한다. 또한 "우주의 구조에 새겨진 합리성"과 "자율적 행위자로 이해되는 생명, 의식, 개념적 사고, 자아"의 기원 문제에 대해 외면하는 '새로운 무신론자'들, 즉 리처드 도킨스Richard Dawkins, 대니얼 데닛Daniel C. Dennett 등의 주장을 분석한 글과 나자렛 예수에 주목하면서 역사에서 신적 계시가 존재한다고 말하는 톰 라이트N.T. Wright 성공회 주교와 나눈 대담이 부록으로 실려 있다.

이른바 무신론에서 유신론으로 전환하거나, 유신론에서 무신론으로 전환한 사람은 많으며 어떠한 일을 계기로 그러한 전환을 하게 되었는지를 이야기하는 책은 많지만 과거의 자신이 갖고 있던 문제의식과 구체적인 이야기, 전환 이후의 자기 생각을 '지적 정직성'을 가지고 꼼꼼히 살핀 책은 그리 많지 않다. 그러한 차원에서 신 존재 문제에 대해 관심을 두고 있는 독자들에게 하나의 유용한 길잡이가 될 수 있는 책이다.

4. 『신은 존재하는가 I』, 한스 큉 지음, 성염 옮김, 분도출판사, 1994

긍정할 것인가, 아니면 부정할 것인가? 수많은 인간들이 신앙과 불신앙 사이에서 어찌할 바를 모르고 있다. 결단을 내리지 못하고 회의적이다. 사람들은 자기네 신앙을 의심하고 있고 또 자기가 의심하는 일마저 의심하고 있다. 그리고 자기는 무엇을 의심한다는 데에 긍지를 갖는 사람들도 많다. 하지만 확실성에 대한 동경은 여전하다. 확실성이라고? 로마 가톨릭이든 개신교든 정교회 신자든 간에, 그리스도교인이든 유대교인이든 간에, 또 신을 믿는 자든 무신론자든 간에 신 존재에 관한 문제는 오늘날 해묵은 종파들과 새로운 이데올로기들을 모조리 관통하고 있다.

신학자이자 로마 가톨릭 사제인 한스 큉Hans Küng이 신 존재에 대한 근대 세계의 질문들을 비판적으로 검토한 저작. 근대 초기 확실한 인식을 얻을 수 있는 근거를 마련하고자 이성을 중시한 데카르트René Descartes와 신앙을 중시한 파스칼Blaise Pascal부터 "철학자들의 신과 성서의 하느님 사이에 … 화해"를 시도했던 헤겔Georg Wilhelm Friedrich Hegel, 헤겔 이후 이른바 "무신론적 인본주의"라고 부르는 사상들을 포괄적으로 검토하고 있다.

"근대인 혹은 합리적 인간이 … 인간적 확실성을 추구하는" 방식에는 두 가지가 있었다. 하나는 이성의 근본 확실성을 신뢰한 데카르트의 길이고, 또 하나는 신앙의 근본 확실성을 신뢰한 파스칼의 길이다. 데카르트는 인간을 "일차적으로 사유하는 이성"으로 보고, "주관적 인간 의식, 인간 이성의 확실성"에 근거해 "명료한 사고"를 펼치는 방법만이 신앙의 확실성을 보증하는 방법이라 본 반면 파스칼은 인간을 "사유하는 이성 그 이상의 무엇"으로 보며, "인격적 그리스도 신앙(과) … 하느님 계시의 확실성에 의거하지 않으면" 인간은 어디에도 의지할 수 없는 비극적 존재가 될 뿐이라고 말했다.

도저히 화해할 길 없어 보이는 두 길을 종합한 이는 헤겔이다. 세계를 절대 정신absolute geist의 자기 전개로 이해한 헤겔은 "신앙을 지식으로 변환시키고 성서적 하느님을 철학적 절대자로 변환시킴으로써" 신앙과 지식을 화해시켰다. 그러나 이 화해는 세속 사상가들과 신학자들 모두의 반발을 낳았다. 헤겔 이후에 나온 무신론적 인본주의 사상가(포이어바흐, 마르크스, 프로이트, 니체)들은 현대의 서막을 연, 현대인들 사상적 기반을 제공한 이들이고 그렇기에 가장 진지하게 살펴야 할 이들이다. 포이어바흐의 투사이론, 마르크스의 유물론, 프로이트 정신분석학, 니체의 고전적인 형이상학 비판은 모두 기존의 신 이해를 되돌아볼 수 있게 통찰력을 지니고 있다. 그러나 저자가 보기에 이들의 주장은 모두 한계가 있다. "하느님 체험"에 관한 이들의 주장은 "의심을 제기하기에 충분하지만 … 신의 비존재를 … 분명하게 만들기에는 충분하지" 않고, "종교의 종말을 예고" 했으나 "진실한 예후로 입증" 되지는 못했으며, "종교가 하나의 투사라는 논거", 혹은 "개인심리학 또는 사회심리학적 논거" 역시 실증되지 않았다. 그러나 현대 그리스도교 신학은 이들의 주장을 깊이 숙고해야 한다. 신과 종교의 근본적인 의미에 대해 강한 물음표를 던지는 이러한 사상들은 역설적으로 그리스도교 신학과 종교가 현대 사회에 제시해야 할 바를 모색할 수 있게 해주기 때문이다.

현대의 종교 비판에서 놀라운 면이 하나 있다. 교회와 그리스도교 세계가 얼마나 혹독한 비판을 받든지 간에, 예수 그리스도라는 인물은 언제나 비판의 과녁을 피해 있을뿐더러, 교회 비판에 대한 논거와 권위로 동원된다는 사실이다. "예수가 자기의 동시대 지도자들과 맞서다 죽었다는 사실을 복음서에서 판독해내지 못하는 사람은 복음서를 읽을 줄 모르는 사람이다. 이런 신학이야말로 어떤 이념에게 내려 닥치는 아마 가장 잔인한 농담이리라."

근대 무신론이 던지는 그리스도교 비판이 어떤 내용인지, 비판이 출현한 맥락은 무엇인지, 또 그에 대해 그리스도교 신학은 대응할 수 있는지 갈피를 잡는 데 큰 도움을 주는 책이다.

5. 『우리를 위한 하나님: 삼위일체와 그리스도인의 삶』, 캐서린 모리라쿠나 지음, 이세형 옮김, 대한기독교서회, 2008

삼위일체론은 신앙의 전제가 아니라 요약이다. 우리와 함께하시는 하느님의 삶이 곧 신앙의 전제이며 상황이고 지평이다. 교리는 그 신앙의 성격이나 의미를 규명할 뿐이다. 당연히 경륜과 하느님의 섭리에 대해서는 과거에 다양한 해석이 있었고 앞으로도 다양한 해석이 따를 것이다. 삼위일체론은 이처럼 다양한 해석을 해결하려 하기보다는 인정한다. 그 이유는 경륜을 통한 여정이 인식함의 여정이면서 또한 인식하지 않음의 여정이기 때문이다. 경륜이란 우리와 계속해서 함께하시는 하느님의 삶이기 때문에, 경륜에 대한 신학적 성찰은 당연히 개방적인 것이 될 수밖에 없다.

로마 가톨릭 조직신학자 캐서린 모리 라쿠나Catherine Mowry LaCugna가 그리스도교 신론의 핵심이라 할 수 있는 삼위일체론에 대해 설명한 책. 초대 그리스도교인들의 구원 경험에 밀접하게 연결되어 있던 삼위일체론이 본래 담고 있던 의미를 잃어버리고 왜 신앙인들의 삶과는 동떨어진 추상적 이론으로 축소되었는지를 비판적으로 탐구한다. 크게 2부로 이루어져 있으며 1부에서는 삼위일체 신학에 대한 역사적인 전개를 다루고 2부에서는 관계와 친교가 중심이 되는 삼위일체 신학을 밝힌다.

저자에 따르면 삼위일체론은 우리를 위한 하느님의 삶에 관한 가르침이다. 창조하시는 성부, 구원하시는 성자, 여전히 활동하시는 성령을 통해 우리는 구원을 경험하고 삼위일체 하느님과의 관계를 이어갈 수 있다. 하느님 자신이 세계 속에서 어떻게 활동하시는가를 숙고한 결과물이 바로 삼위일체론이다. 그리스도교에서 본래 세상을 구원하시는 하느님의 일(오이코노미아oikonomia)과 하느님을 믿는 이들의 숙고(테올로기아theologia), 즉 하느님 자체이신 하느님God in se과 우리를 위한 하느님God pro nobis은 분리되지 않았다. 그러나 점차 테올로기아로 무게가 기울자 삼위일체론과 그리스도인의 삶의 연결성은 희미해졌다. 신학자들이 사변적으로 삼위일체 하느님의 내적 관계성을 해명하는 데만 골몰한 나머지 이 세계에서 그 하느님이 어떻게 드러나시고 역사하시며 변화를 이루어 내시는지, 즉 우리의 삶과 관계하시는지를 망각한 것이다. 저자는 내적 관계에만 치우친 삼위일체론은 삼신론으로 흐를 수 있다고 말하며 하느님의 내적 관계와 더불어 구원하시는 일을 깊이 고민했던 카파도키아 교부들과 지지울라스의 신학을 본으로 삼아 삼위일체 하느님의 외적 경륜의 가치를 다시 부각한다. 하느님은 사랑의 인격으로 타자와 사랑의 관계를 구현한다. 그리고 여기서 그리스도인의 삶의 방향도 마련된다. 사랑으로 모든 것을 연결하는 하느님의 신비를 토대로 그리스도인들은 그 하느님과, 그리고 이웃과 사랑의 관계를 맺어야 한다.

삼위일체 교리는 궁극적으로 철저한 그리스도인의 삶으로 이어지는 실천적 교의다. 하느님의 신비와 구원의 신비가 갖는 본질적인 일치 때문에 삼위일체 교의의 주제는 하느님과 피조물이 공유하는 삶이다. … 성령으로 말미암아 그리스도의 삶으로 깊이 인도함을 받은 우리는 살아 계신 하느님의 얼굴을 바라본다. 우리는 예수 그리스도 안에서 하느님의 영광을 본다. 예수 그리스도를 통해 우리가 하느님의 아들과 딸로 선택되었고, 그의 피로 구원을 얻었으며 죄의 용서를 받았고 영원한 영광을 상속받았다. … 신학의 목적은 경륜을 관상하고 경륜을 드러내는 것이며, 가능하다면 경륜을 조명하는 것이다. 그렇게 함으로써 우리는 좀 더 예민하게 하느님의 영광을 볼 수 있다.

이 책은 현대 신학에서 삼위일체론을 다시금 신학의 주요한 주제로 부각시켰다. 삼위일체론의 현대판 고전으로서 삼위일체론이 왜 그리스도교 신이해와 신앙의 핵심을 이루는지를 알려주는 저작이다. 비단 그리스도교 신자뿐 아니라 그리스도교 신론, 그리스도교 신앙에 관심이 있는 교양 독자들도 읽으면 많은 도움을 얻을 수 있다.

6. 『신은 낙원에 머물지 않는다』, 엘리자베스 A. 존슨 지음, 박총 · 안병률 옮김, 북인더갭, 2013

하느님이 검다고 말하는 것은 하느님이 억압된 상황을 취하시고, 그것을 자신의 상황으로 만드신다는 뜻이다. 이는 출애굽 사건과 예수의 삶을 통해 선명히 드러난다. 성경의 하느님은 굴욕과 심한 고통을 당하는 이들과 자신을 동일시하신다. 이러한 하느님의 연대는 그저 불쌍하게 여기는 것을 의미하지 않는다. 도리어 하느님의 가장 대표적인 행동은 해방이다. 눌린 이들의 해방에 동참하는 하느님이 아니라면 하느님은 없다. 그러므로 자유를 향한 흑인의 투쟁에 연대하는 하느님은 자기만족의 하느님이 아니며, 지배사회가 믿는 인종차별적인 백인 하느님이 아니다. 하느님은 무색이 아니다. 색깔 없는 하느님은 피부색 때문에 고통받는 이들의 사회에 도전하거나 이를 반박하지 않는다. 흑인 편에 서는 하느님은 검다. 흑인의 운명과 자신의 영광이 승리하는 것을 연결 짓는 하느님은 검다.

로마 가톨릭의 여성 신학자인 엘리자베스 A. 존슨Elizabeth A. Johnson의 저작. 신이 사라진 것처럼 보이는 현대 세계에서 여전히 '살아있는 신'이 어떻게 활동하고 있으며 이 세계를 변혁하는지를 이야기한다.

지은이는 그리스도교 신자들이 통념적으로 생각하는 '낙원에 머무는 신' 개념을 비판하고 '지금, 여기'서 활동하는 하느님을 발견하자고 제안한다. 그렇다면 살아계신 하느님은 어떻게 드러나는가? 여기서 존슨은 라너의 신학 사상을 활용한다. 라너에 따르면 모든 존재에는 하느님의 은총이 내재되어 있다. 이 은총으로 모든 유한한 존재는 자신이 처한 상황을 넘어서고자 한다. 즉 유한한 존재는 언제나 무한한 하느님을 열망한다. 비록 우리가 그분을 온전히 헤아릴 수 없다 하더라도 우리는 언제나 우리의 '눈'을 하느님을 향해 돌리고 하느님은 순간순간 이에 응답하신다. 절망에 빠진 이에게는 희망으로, 차별을 경험하고 있는 이에게는 해방으로, 자기애에 함몰된 이에게는 이타적인 사랑으로 그분은 나타난다. 그분은 때로 거룩한 지혜로, 생명의 영으로, 사슬을 깨뜨리는 이로, 차이를 존중하며 대화를 권장하는 분으로 현존한다. 그렇기에 하느님은 낙원에만 계실 수 없는 분이시며 언제나 고통 가득한 이 땅으로 오신다. 부당한 폭력으로 피조물이 신음하는 그곳에는 언제나 하느님이 계시다. 그는 천의 얼굴을 가진 분이다.

사람들은 더 이상 연역적이고 추상적인 이해가 아니라, 투쟁하고 희망하는 그들의 온전한 일상체험 가운데 하느님의 존재를 만난다는 점에서 다시금 하느님을 발견하고 있다.

신에 관해 사유했던 기존의 저작이 역사적 상황에만 집중하거나 추상적 이론에만 치우쳤다면 이 책은 그 양자를 연결하고 이 시대에 신학이 어떤 역할을 해야 하는지 탄탄한 이론과 실천적 적용을 모두 담아내고 있다. 장마다 현대 신학이 관심하는 주된 과제들을 주제로 선정하여 다양한 사례를 제시하면서 독자들의 이해를 돕는다.

신
- 우주와 인류의 궁극적 의미

초판 발행 ┃ 2018년 6월 5일

지은이 ┃ 키스 워드
옮긴이 ┃ 한문덕
해 설 ┃ 한문덕

발행처 ┃ ㈜타임교육
발행인 ┃ 이길호
편집인 ┃ 김경문
편 집 ┃ 민경찬 · 양지우
검 토 ┃ 방현철 · 박용희
제 작 ┃ 김진식 · 김진현 · 권경민
재 무 ┃ 강상원 · 이남구 · 진제성
마케팅 ┃ 이태훈 · 방현철
디자인 ┃ 손승우

출판등록 ┃ 2009년 3월 4일 제322-2009-000050호
주 소 ┃ 서울시 성동구 성수동2가 281-4 푸조비즈타워 1층
주문전화 ┃ 010-9217-4313
팩 스 ┃ 02-395-0251
이메일 ┃ innuender@gmail.com

ISBN ┃ 978-89-286-4370-7 04230
ISBN(세트) ┃ 978-89-286-2921-3 04230
한국어판 저작권 ⓒ 2018 타임교육